LA FINANCE DE L'OMBRE A PRIS LE CONTRÔLE

Siège social
Éditions Favre SA
29, rue de Bourg – CH-1002 Lausanne
Tél.: +41 (0)21 312 17 17 – Fax: +41 (0)21 320 50 59
lausanne@editionsfavre.com

Adresse à Paris
7, rue des Canettes
F-75006 Paris

Dépôt légal en Suisse en avril 2016.
Tous droits réservés pour tous les pays.
Toute reproduction, même partielle, par tous procédés,
y compris la photocopie, est interdite.

Couverture et mise en pages: **P-Print** graphique

ISBN: 978-2-8289-1572-8
© 2016, Éditions Favre SA, Lausanne

———

Les opinions exprimées dans le présent ouvrage
n'engagent que leurs auteurs.

**Dominique Morisod
Myret Zaki**

LA FINANCE DE L'OMBRE A PRIS LE CONTRÔLE

Le risque systémique
a quadruplé en 12 ans

•

Les spéculateurs
remplacent les banques

•

Quelle sera la facture
de la prochaine crise?

FAVRE

TABLE DES MATIÈRES

Préface	7
Préambule	11
Introduction	15
Que faut-il retenir de ce livre ?	16
Le krach n'a pas lieu tant que les taux sont à zéro	21
Une crise en apparence effacée	28
De l'euphorie à la réalité	30
Relever les taux n'est pas toujours synonyme de krach	32
La liquidité est faible au début de 2016	33
Une sortie de crise sème les graines de la suivante…	36
Le *shadow banking*, ou finance de l'ombre	39
Ses acteurs : des spéculateurs sophistiqués	44
Le principe de base : emprunter pour spéculer	46
Les taux 0 %, ingrédient principal du shadow banking	52
Les multiples sources de risque systémique	53
Les nouvelles banques d'affaires ? Ce sont les hedge funds	61
Les gérants de fonds, plus risqués que les banques ?	75
Le financement à court terme *(repo)* est systémique	81
Les primary dealers, ou spécialistes en valeurs du Trésor	88
Comment fonctionne l'effet de levier ?	90
Les *dark pools* éclipsent les bourses	93
Les dérivés de gré à gré, toujours opaques	103
Au royaume de la dette, le triple B est roi	111

LA FINANCE DE L'OMBRE A PRIS LE CONTRÔLE

Au royaume de la dette, le triple B est roi 111
    *Le risque systémique induit par les agences
    de notation* 116
La détérioration des bilans bancaires 121
Les *CoCo*, variante obligataire explosive I 125
Les *CLO*, variante obligataire explosive II................... 129
Le *private equity*, une autre boîte noire 133
    Le décrochage des valeurs numériques 138
La bulle des *ETF* 143
Les ventes à nu *(naked shorts)* toujours tolérées........... 147
Immobilier : retour à la spéculation............................... 155
Les *carry trades*, source d'instabilité 161
Le risque systémique de la Fed 163
    Les taux négatifs, ou l'inversion de paradigme......... 168
Conclusion : échec et mat 175
Échelle de notation financière selon les principales
agences de notation 186
Lexique 187

PRÉFACE

Faire la connaissance de Dominique Morisod fut une des rencontres les plus importantes de ma carrière professionnelle. Actif dans les milieux de la finance depuis plus de trente ans, rares sont les personnes qui m'ont autant impressionné que Dominique. Ses connaissances et son expérience étaient telles qu'il était capable de dessiner le processus complet des opérations financières les plus sophistiquées en en maîtrisant chaque paramètre, qu'il soit économique, financier, réglementaire, juridique, fiscal, etc.

Mais le plus important est que Dominique a fait partie de ces professionnels qui, comprenant de plus en plus les règles du jeu auquel il participait, a pris un jour la décision de mettre ses compétences au service de ses clients, se refusant à tout conflit d'intérêts.

Conflit d'intérêts. Cette notion est au cœur du livre que vous allez lire, mettant en évidence que la finance internationale est aujourd'hui largement dominée par des acteurs qui n'ont pour seul but que de servir leurs intérêts, qu'elles qu'en soient les conséquences. Et ces dernières pourraient bien affecter la société, nos vies, dans une mesure que je pensais peu imaginable.

Nous savons tous que chaque profession a ses très bons acteurs qui font progresser leur domaine et, par réaction, en font profiter la société dans son ensemble. Parmi eux, il convient de saluer les professionnels de la finance qui font leur job avec bon sens, honnêteté, souci du client et de ses intérêts, ces personnes jouant un rôle clé dans la gestion des fonds de pension, des entreprises et dans la vie de chaque citoyen de ce monde qui détient quelque argent.

De la même manière, vous y trouverez des moutons noirs, qui n'hésiteront pas à ériger des systèmes qui n'ont pour seul but que d'enrichir leur établissement et bien entendu eux-mêmes, quitte à avoir une influence négative sur leurs clients, la société, sans l'ombre d'un scrupule. Cependant, peu d'entre eux maîtrisent l'ensemble des processus auxquels ils participent. En revanche, ils savent qu'ils contribuent à créer les conditions qui pourraient bien dégénérer en un krach financier dont les retombées sur l'économie réelle seraient sans précédent.

Et croyez-moi, ils ont en mains une arme de destruction massive.

Dominique Morisod ne pouvait accepter ces dérives. Il s'est dès lors investi corps et âme pour décrire, expliquer, prouver, mettre en lumière ce que la finance internationale est en train d'accomplir là, sous nos yeux, à un niveau tel que les banques nationales, la FED, la BCE, les gouvernements et autres décideurs, bien que faisant le constat de cette réalité, sont aujourd'hui incapables d'agir pour enrayer ce monstre grandissant ; à moins qu'ils n'en soient complices ?

Il prit alors la décision de recueillir les éléments factuels qui démontrent ces mécanismes, ses sources n'étant autres que celles venant des outils et statistiques utilisés par la finance, des rapports rédigés par les organismes officiels, étatiques et réglementaires. Puis il eut l'idée d'en faire un livre avec la collaboration de Myret Zaki afin de livrer le

PRÉFACE

fruit de ses réflexions au grand public. Cependant, il fit un pas en arrière et ce projet fut mis entre parenthèses. Lui demandant la raison de ce recul, il me communiqua qu'un grand groupe bancaire l'avait menacé, sachant ses positions mais sans savoir qu'il voulait faire paraître un livre sur ce sujet. Il préférait donc le mettre en veilleuse, craignant d'accélérer les choses. Il me dit alors qu'il pourrait utiliser tout le matériau qu'il avait réuni pour en faire une thèse de doctorat et ainsi faire développer et porter cet important sujet par la filière universitaire.

En marge de ce projet, il tentait d'exercer son métier de manière à subvenir à ses besoins et ceux de sa famille. Cependant, le vieil adage qui dit qu'il faut tuer le messager apportant de mauvaises nouvelles s'est encore une fois révélé vrai. Affichant ses positions, n'hésitant pas à confronter les milieux financiers, luttant contre la réputation qui lui était faite par ceux qui craignaient son activisme, il ne put faire face à tant d'adversité.

Laissant derrière lui sa fille Norah, à qui ce livre est dédié, je suis certain qu'il espère qu'elle lui pardonnera et qu'il lui souhaite plein de bonheurs à vivre.

Quant à moi, je fais le vœu que ceux qui sont censés détenir le pouvoir d'intervenir le fassent rapidement afin que Norah et nos enfants n'aient pas à subir les multiples conséquences des mécanismes que vous découvrirez à la lecture de cet ouvrage.

Un très grand merci à Myret Zaki d'avoir relevé le défi de reprendre le travail accompli par Dominique, de l'avoir enrichi et réactualisé pour donner naissance au livre d'aujourd'hui, la situation s'étant encore bien détériorée depuis le départ de Dominique. C'est un bel hommage qu'elle rend à la mémoire de notre ami Dominique Morisod, réalisant par son apport l'objectif qu'il s'était donné.

Merci à Pierre-Marcel Favre qui a bien connu Dominique et qui a soutenu ce projet en encourageant Myret Zaki à aller au bout de ce lourd et si important travail.

Merci enfin à la veuve de Dominique de nous avoir autorisés à éditer ce livre en guise de témoignage et testament.

Daniel Schmid

PRÉAMBULE

Ce livre est d'abord un hommage à une personne chère. Le 3 août 2014, Dominique Morisod, co-auteur de cet ouvrage, mettait la dernière touche à un document Word. Un projet de livre, qu'il signait et datait.

Le 17 août 2014, Dominique s'en allait pour toujours, une semaine après avoir décidé de mettre fin à ses jours.

Ce projet est resté, tel un testament, dans son ordinateur. Il contenait tout ce qui, des années durant, avait été au cœur des préoccupations de cet ancien banquier d'affaires devenu un entrepreneur et investisseur indépendant dans l'immobilier et les entreprises non cotées.

Dominique Morisod avait partagé sa vision critique de la crise des subprime et de ses suites avec nombre de journalistes et d'observateurs du monde financier.

Nous nous étions d'ailleurs connus à travers un contact commun suite à la sortie de mon livre sur l'UBS et la crise des subprime.

L'histoire du présent livre remonte à 2011. Après une chronique parue sous la plume de Dominique dans *Bilan*, intitulée « la bombe spéculative », où il analysait la progression fulgurante du marché des dérivés, s'alarmant de son absence de régulation, nous avons évoqué la rédaction d'un livre commun qui parlerait des risques que le système financier a continué, sans cesse, à fabriquer encore plus frénétiquement depuis la crise de 2008, et des menaces qu'il faisait peser, une fois de plus, sur l'économie réelle.

Mon éditeur nous y encouragea, et le projet commença à prendre forme en 2012. Mais par manque de temps, et l'arrivée de ma deuxième fille, je n'ai fait que suivre de loin les travaux de Dominique, qui envisageait de poursuivre ce travail en vue d'en faire… une thèse de doctorat.

Ce texte aura pourtant un autre destin.

Suite à son départ si regretté, son ami proche, Daniel Schmid, m'a contactée. Il était en possession de deux documents retrouvés sur son ordinateur, l'un datant de 2012 et l'autre de 2014, fichiers qu'il supposait être le projet d'un livre.

Comme mon nom figurait sur la page de garde avec le titre du projet initial, il me mit au défi, pour la mémoire et l'amitié éternelle vouée à Dominique, de reprendre ce projet en mains, de l'adapter et de le publier. L'épouse de Dominique s'est dite favorable à cette idée. Le livre serait dédié à leur fille Norah, qui un jour connaîtrait à travers ce texte les questions qui ont trituré l'esprit de son père, sans doute jusqu'à la dernière heure.

Je me suis mise au clavier. Les indicateurs de croissance de la finance de l'ombre s'étaient encore nettement accentués depuis le départ du regretté Dominique. Il fallait rendre cette vérité accessible au public, projeter en pleine lumière cette spéculation phénoménale, silencieuse et tapie dans l'ombre, et rendre ainsi honneur aux craintes fondées et à la vigilance de Dominique, que d'autres et moi avons partagées depuis 2008.

PRÉAMBULE

Il y avait tant à dire dans ce livre, et Dominique aurait certainement endossé le résultat final, lui qui en a bâti les fondements.

Dominique, tu auras réussi à parler du monde de la finance et de ses dérives en 2016, même depuis l'au-delà. Te doutes-tu de ce qu'est devenue, depuis ton départ, la finance de l'ombre ? Te connaître, c'est y répondre.

Paix à ton âme, et mes tendres pensées à toi et à ta famille.

Excellente lecture à tous !

Myret Zaki

À Norah

INTRODUCTION

Vous vous demandiez peut-être ce qu'était devenu le monde de la finance depuis la crise de 2008. Vous trouverez les réponses dans ce livre.

La crise des subprime étant passée, suivie de celle de la zone euro, la Une des journaux a cessé pour un temps d'être accaparée par les traders, la spéculation et Goldman Sachs. Tout se passe comme si les choses étaient rentrées dans l'ordre. Mais les risques se sont encore démultipliés depuis la dernière crise. Sauf que tout se déroule en « coulisses », hors du secteur bancaire, hors des bourses officielles, dans le secret de l'univers financier non réglementé, celui de la « finance de l'ombre », ou *shadow banking system*. Cette dernière représente 80 000 milliards de dollars d'actifs*[1] au plan global, selon le Conseil de stabilité financière, la structure créée par le G20[2] pour surveiller ces risques[3], soit plus que le

---

[1] Les termes suivis d'un * sont définis dans le lexique p. 187.

[2] Le G20, ou Groupe des vingt, compte vingt membres, à savoir dix-neufs États ainsi que l'Union européenne : Afrique du Sud, Allemagne, Arabie saoudite, Argentine, Australie, Brésil, Canada, Chine, Corée du Sud, États-Unis, France, Inde, Indonésie, Italie, Japon, Mexique, Royaume-Uni, Russie, Turquie, Union européenne.

[3] http://www.fsb.org/wp-content/uploads/global-shadow-banking-monitoring-report-2015.pdf

PIB mondial (78 000 milliards de dollars). Et cette masse d'investissements financés par des acteurs non bancaires est uniquement solvable parce que les taux d'intérêt des banques centrales occidentales sont proches de 0 %.

QUE FAUT-IL RETENIR DE CE LIVRE ?

Que la finance de l'ombre oblige les banques centrales à garder les taux d'intérêt bas, voire négatifs, ce qui pénalise fortement notre épargne, nos fonds de pension ainsi que notre prévoyance privée, et incite au surendettement des consommateurs, qui deviennent dès lors vulnérables à des hausses de taux d'intérêt (y compris hypothécaires) dans l'avenir.

Ce qu'il faut retenir également, c'est que les banques, leurs bilans plus solides et toutes les règles annoncées depuis 2008, représentent le paravent acceptable présenté au monde, mais qu'une très grande part de l'activité d'investissement, des transactions boursières et des opérations spéculatives est allée se dissimuler dans le secteur de la finance de l'ombre, à l'abri des autorités de surveillance.

Ce marché noir bancaire s'est très fortement développé depuis 2009. Nous verrons en détail dans cet ouvrage quels sont les acteurs du shadow banking et à quels risques ils exposent le reste du monde. La croissance de la finance de l'ombre est supérieure à celle du système bancaire régulé, et il capte une part accrue du marché du crédit et des transactions boursières.

Aux États-Unis, les trois quarts du crédit aux entreprises sont désormais octroyés par des acteurs non bancaires (gérants de fonds, hedge funds*, sociétés de leasing,

INTRODUCTION

groupes d'assurances), selon le *Financial Times*[4]. En Europe, où les deux tiers du crédit aux entreprises sont encore octroyés par les banques, la situation évolue rapidement pour converger vers celle des États-Unis, avec l'arrivée sur le marché du crédit de plus d'acteurs financiers de l'ombre qui concurrencent les banques.

Le shadow banking progresse plus vite que le secteur bancaire. Il représente 25% de tout le système financier, contre 45% pour les banques, mais l'écart se réduit, selon le rapport du Conseil de stabilité financière (CSF).

Depuis 2007, quelque 14 000 règles ont été édictées pour les banques, mais l'essentiel de l'univers financier échappe à ces règles. D'un côté, on voit émerger les bourses non régulées *(dark pools*),* où les transactions s'opèrent en dehors des plateformes officielles.

D'un autre côté, une part croissante de la dette des entreprises échappe aux règles bancaires. Elle est traitée par des gérants de fonds, des fonds spéculatifs spécialisés dans le crédit, des fonds de capital-investissement. L'essentiel de l'argent prêté par ces acteurs de la finance de l'ombre, et le soubassement des produits d'investissement ainsi créés repose, quant à lui, sur du financement à court terme (les banques et gérants de fonds empruntent sur le marché monétaire à des taux très bas, pour investir ensuite ces liquidités et gagner sur la différence entre ce qu'ils paient pour emprunter et ce que leur rapportent leurs placements).

Cette gigantesque nébuleuse de dette spéculative que nous expliquerons en détail est la nouvelle expérimentation que Wall Street a trouvée depuis la fin des subprime* :

---

[4] http://www.ft.com/intl/cms/s/0/f14991aa-f7a6-11e3-b2cf-00144feabdc0.html#axzz41sCVB1CT (contenu payant)

des transactions d'initiés, opaques et anonymes, risquées et qui échappent à toute règle en matière de garanties et de fonds propres et s'effectuent en privé, hors des plate-formes d'échanges publiques.

Pourquoi n'en parle-t-on pas davantage ? Essayez de lire le « Rapport global sur la finance de l'ombre » du Conseil de stabilité financière de novembre 2015 : c'est particulièrement abscons, et surchargé de méthodologie.

Car l'autre mauvaise nouvelle, c'est que le système s'est aussi encore nettement complexifié depuis la dernière crise, disqualifiant encore un peu plus les régulateurs cen-sés le surveiller.

Au cœur de la finance de l'ombre : des taux d'intérêt proches de zéro, condition indispensable pour maintenir debout cet Everest de risques systémiques*. Car le fluide vital qui circule dans l'ensemble de cette tuyauterie, c'est la dette, ou « l'argent facile ». Les taux d'intérêt de la Fed (Réserve fédérale américaine) ne pourront pas remonter cette fois-ci. La Fed est obligée de maintenir le monde sans taux d'intérêt, contrairement à 2004, où la banque cen-trale des États-Unis avait pris le risque de relever les taux jusqu'à 5,25 %, causant le krach que l'on sait. À présent, et au vu de l'ampleur sans précédent des risques dans le système financier actuel, les taux d'intérêt américains ne peuvent simplement plus remonter : c'est la réalité que la Fed doit affronter, à moins de les relever et de provoquer un krach d'une ampleur encore jamais connue. Non seu-lement ils ne peuvent plus remonter, mais le passage de la Fed, après celui de la Banque centrale européenne, aux taux négatifs, pourrait bien se matérialiser à terme.

La finance de l'ombre est en train de manger la finance régulée et pose un risque incalculable pour l'économie réelle, celle des ménages, des salariés, des consommateurs, des entreprises. Dans un retour en arrière inimaginable sur plusieurs décennies de progrès en matière de réglementation et de transparence de la finance, les marchés sont aujourd'hui retombés à l'âge de la pierre s'agissant de gouvernance, ouvrant une ère de pratiques sombres et opaques et d'excès spéculatifs débridés.

Le système financier est donc divisé en deux à l'heure actuelle : une partie blanche, apparente, réglementée, mais peu crédible car incapable de provisionner pour tous les risques qui la concernent et qui viennent de la partie cachée ; et une partie noire, cachée, qui vit et respire grâce à la dette. Elle a pris un essor fulgurant depuis 2008, ne rend que très peu de comptes aux autorités de surveillance et fabrique des risques d'une ampleur jamais connue, encore plus difficiles à surveiller, et beaucoup plus diffus. Le système financier, censé subir une prise en mains réglementaire énergique et majeure après la crise, est au contraire devenu encore plus incontrôlable qu'avant 2008, en raison de la politique de crédit gratuit des banques centrales.

Et face à l'essor de la finance de l'ombre, en passe de devenir la référence tandis que les bourses et les banques régulées deviennent plus marginales, les régulateurs se montrent passifs, voire démissionnaires. La gouvernance de la finance, le secteur qui pèse le plus lourd dans l'économie mondiale, s'avère quasi inexistante.

Nous vous offrons dans ce livre un aperçu des différents types de risques de cet univers qui contourne les banques pour noyer les marchés et les entreprises sous la dette.

LE KRACH N'A PAS LIEU TANT QUE LES TAUX SONT À ZÉRO

Dans un environnement dégradé de taux d'intérêt zéro, on ne voit plus s'investir que de l'argent emprunté, et ce levier démultiplie les risques en cas de chute des marchés.

La bombe de la dette provoquera-t-elle la prochaine grande crise après celle des subprime ? La crise de 1929 oubliée, la crise de 2007-2008 à peine digérée, une nouvelle crise est en gestation.

Rappelons que la crise des subprime a été la plus grave crise financière que nous ayons connue. Des millions d'Américains ont emprunté massivement de l'argent entre 2003 et 2007 pour acheter un logement à des taux d'intérêt très bas. Cette époque connaît un affaissement sans précédent des standards de l'octroi de crédit qui mène les prêteurs hypothécaires à financer des personnes toujours moins solvables, et ces prêts à haut risque sont appelés *subprime*. Cette masse de crédits hypothécaires de qualité médiocre a été vendue par paquets aux investisseurs et présentée comme un placement sûr. Tout s'effondre lorsque la Réserve fédérale américaine (Fed) remonte son taux d'intérêt directeur, qu'elle avait maintenu extrêmement bas depuis 2001. La Fed devait en effet resserrer la vis monétaire pour contrôler l'inflation suscitée par le boom hypothécaire. Sortant le pays de cette longue période de crédit gratuit, elle relève les taux d'intérêt de 1% en juin 2003, à 5,25% en juin 2006. Le marché immobilier américain, hypertrophié par une bulle de crédit sans précédent dans l'histoire, et totalement indiscipliné dans l'octroi de ces crédits, ne supporte pas la remontée du loyer de l'argent. En effet, les taux des hypothèques *subprime* sont indexés sur le taux directeur de la Fed. Les défauts de paiement se multiplient chez les propriétaires immobiliers étouffés par le remboursement, les achats de propriétés ralentissent brusquement, et le prix des maisons bascule début 2007, balayant avec lui l'industrie des crédits titrisés que les banques avaient bâtie sur son dos. Des millions de petits propriétaires voient leurs logements saisis, et le nombre d'Américains à la soupe populaire atteint près de 60 millions au sortir de la crise. Aujourd'hui, six ans après, les risques sont loin d'être maîtrisés car le système ne s'est pas assaini.

D'une part, au lieu d'un désendettement généralisé après les excès de 2008, la dette globale a augmenté de près d'un tiers depuis la crise des subprime. En effet, la dette des gouvernements, des entreprises, des ménages et du secteur financier a augmenté de 57 000 milliards de dollars entre fin 2007 et mi-2014, pour atteindre quelque 200 000 milliards, selon McKinsey[1], soit 286% du PIB mondial. Un tiers de cette augmentation s'explique par l'explosion des dettes gouvernementales : les États-Unis et les pays européens ont en effet dû s'endetter de façon phénoménale pour sauver le système financier. Les courbes sont très parlantes et indiquent une montée en

---

[1] http://www.mckinsey.com/insights/economic_studies/debt_and_not_much_deleveraging

flèche des dettes gouvernementales dès 2008, la plupart des pays ayant vu leur dette nationale dépasser, depuis lors, les 100 % du PIB. Le désendettement n'a pas eu lieu; c'est l'inverse qui s'est produit.

D'autre part, une montagne de risques parallèles, le shadow banking ou finance de l'ombre, enfle dans les coulisses du monde financier. Ces transactions opaques et non réglementées ont pris le pas sur la finance traditionnelle enseignée dans nos universités. La finance de l'ombre repose sur les transactions hors bourse, et sur les marchés du financement à très court terme.

Nul ne mesure, à commencer par le monde politique, devenu un dernier sauveteur sans cartouches, la montagne de risques qui se sont à nouveau accumulés dans le système financier.

Regardons les chiffres. Le PIB global atteint 78 000 milliards de dollars, selon la Banque mondiale. La valeur totale des actifs financiers (actions, dettes privées et publiques, dépôts bancaires) se monte à environ 250 000 milliards selon McKinsey[2]. On voit déjà que les actifs financiers représentent plus du double des actifs réels. Tout cela n'est encore rien comparé au montant titanesque des dérivés* hors bourse (dérivés OTC pour *Over The Counter*, expliqué p. 103), dont la valeur notionnelle (valeur de tous les contrats ouverts) est estimée actuellement[3] à 630 000 milliards, pour une exposition nette de 21 000 milliards. Ces instruments, combinés avec l'effet de levier (l'argent emprunté qui s'y investit massivement),

---

[2] http://www.mckinsey.com/industries/private-equity-and-principal-investors/our-insights/mapping-global-capital-markets-fifth-annual-report

[3] http://www.bis.org/statistics/d5_1.pdf

sont largement déconnectés des actifs qui leur servent de base. À l'intérieur de l'univers des dérivés, les dérivés de crédit, qui permettent de se protéger contre le risque de crédit ou de spéculer sur celui-ci, représentent un marché de 31 000 milliards de dollars, et sont détenus par une douzaine de grandes banques qui traitent entre elles et contrôlent 90 % du marché, sur lequel opèrent aussi les gros spéculateurs (hedge funds). Ces grandes firmes misent entre elles pour spéculer contre les défauts d'entreprises, de banques, ou d'États.

Comme au pic du marché en 2007, il est actuellement impossible de connaître exactement la taille du marché global des dérivés et les risques nets de l'exposition des banques. Nul ne dispose en détail des contrats et des contreparties. Il faut se contenter d'estimations. La croissance de ces transactions de plus en plus virtuelles dépasse largement celle des autres marchés.

En termes de dégâts potentiels de la finance de l'ombre, de quel ordre de grandeur parlons-nous ?

Il y a eu le krach d'octobre 1987, le fameux *Black Monday*. Ce krach avait détruit 500 milliards de dollars de valeur boursière.

Il y a eu la crise des *Savings & Loans* de 1988, qui avait anéanti 150 milliards de dollars, avant de dégénérer en crise de crédit et de décimer le marché des *junk bonds** (obligations d'entreprises défaillantes) et avec lui notamment la banque Drexel Burnham en 1989-1990.

Il y a eu la débâcle en 1998 du fonds spéculatif LTCM *(Long Term Capital Management)*, dans le sillage de la crise russe. Ce hedge fund gérait 100 milliards de dollars et, si son exposition théorique atteignait, via des produits dérivés, 1000 milliards, son sauvetage a coûté 4 milliards aux vingt banques qui l'ont racheté, puis liquidé. Mais la facture finale pour l'économie est estimée à 100 milliards. C'est le premier choc sérieux qui met en lumière les risques de contreparties des dérivés négociés hors bourse, et l'impact systémique d'un fonds spéculatif. Les modèles mathématiques et la gestion du risque ont aussi révélé à cette occasion combien leur efficacité était toute théorique.

Il y a eu ensuite la bulle des *dotcom**, ou valeurs technologiques cotées au Nasdaq. Elle a détruit l'équivalent de six à sept trimestres de profits bancaires, selon un rapport du courtier Morgan Stanley et du consultant Oliver Wyman. Le crash de 2000-2002 a effacé plus de 5000 milliards de valeur boursière, et 50% des entreprises du secteur ont disparu du marché.

Mais la crise du crédit de 2007-2008 nous a invités dans des dimensions autrement plus cataclysmiques. Standard & Poor's estime la facture totale à 15 000 milliards de dollars ; mais ce chiffre pourrait être encore trop conservateur.

Quant à la prochaine crise, elle découlera probablement des conséquences de la première, à savoir des politiques monétaires engagées depuis 2009 qui ont enflé l'endettement, qui à son tour a surenflé les actifs financiers.

Ces politiques monétaires, en particulier celle de la Réserve fédérale américaine (Fed), qui a décidé de maintenir les taux d'intérêt à 0% depuis sept ans, ont créé une illusion de croissance : les indices boursiers se sont envolés grâce, pour l'essentiel, à l'argent emprunté qui s'y est déversé.

La croissance de l'économie mondiale a en effet été générée d'une manière partiellement artificielle grâce à la finance et à son levier. Ceci est le résultat d'une dérégulation de trente ans et d'un lobbying très actif. Aux États-Unis, le secteur financier a augmenté de 50% ses dépenses de lobbying entre 2007 et 2012 pour freiner la réglementation du Dodd-Frank Act et du Consumer Protection Act.

Mais les taux d'intérêt zéro ont fait l'essentiel, en favorisant l'emprunt gratuit pour investir dans des placements qui génèrent des gains plus élevés, comme la dette risquée à haut rendement. Cette unique donne du crédit gratuit a suffi à regonfler la bulle malgré toutes les résolutions et réglementations post-2008.

Comme le montre le graphique ci-dessous, les taux d'intérêt de la Fed sont tombés à zéro en 2009, pour rester entre 0% et 0,25% durant six ans, avant de remonter très légèrement à 0,25%-0,50% en décembre 2015.

1. ÉVOLUTION DU TAUX DE LA FED

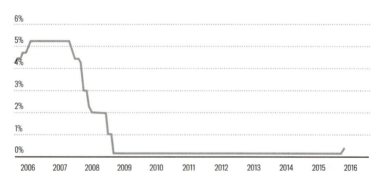

Source : Réserve fédérale américaine

Le risque systémique n'a pas été contenu. Au contraire, il a augmenté : une part énorme du trading boursier s'opère hors des bourses conventionnelles et sur des marchés de gré à gré : les *dark pools*. Avec l'essor des dark pools, expliqué en détail plus loin, il n'y a plus de transparence sur les prix des titres* échangés. Une enquête de Reuters en avril 2014 donnait ce chiffre inimaginable : environ 40% de toutes les transactions boursières aux États-Unis se feraient désormais à travers des canaux hors bourse, contre 16% en 2008 (mais nous privilégierons des chiffres plus conservateurs dans le chapitre consacré à ce thème). La proportion de trading qui se fait en dehors des bourses réglementées devient en tous les cas si élevée que les prix cotés sur les marchés officiels ne reflètent probablement plus les valeurs réelles du marché.

Comment la gouvernance financière a-t-elle pu rester aussi passive devant l'essor d'un marché noir boursier de cette taille ? Pour l'heure, il est question de surveiller, le cas échéant de sanctionner, mais pas de réglementer.

Le monde régulé, lui aussi, est source de risques, en raison de la faiblesse des mesures prises : les niveaux de capitalisation des banques sont à ce jour insuffisants, même si la réglementation internationale (règles de Bâle III, nouvelles règles de Bâle IV) vise à reconstituer des fonds propres. En effet, c'est un leurre de vouloir couvrir uniquement les actifs au bilan : les risques posés par les actifs non comptabilisés au bilan sont bien plus élevés, et les banques sont très interconnectées avec la finance de l'ombre.

Les mêmes risques de contreparties qu'en 2007, les mêmes risques de crise de liquidité des fonds d'investissement existent aujourd'hui, et les fonds propres sont très largement insuffisants. Que se passera-t-il quand le système de financement à court terme, à la base de tout l'échafaudage du système financier, ne sera plus soutenu par les banques centrales ? Si les taux d'intérêt devaient remonter, ou si un grain de sable se glissait dans les rouages des marchés, une réaction à la chaîne pourrait plonger le système dans le chaos comme en 2007, à la différence près que les banques centrales n'auront plus, cette fois, de munitions: la Fed a grossi son bilan de 800 milliards en 2007 à 4500 milliards en 2014 en achetant des actifs toxiques et des bons du Trésor pour sortir de la dernière crise, la BCE l'a hissé à 3000 milliards, et les taux d'intérêt sont à zéro, voire négatifs!

La crise des subprime a coûté aux gouvernements 11 000 milliards de dollars en 2009, selon le FMI. Comment sauver le système cette fois-ci, avec une déflation mondiale, sans cartouches monétaires, et avec des banques centrales elles-mêmes de moins en moins solvables?

Les crises financières sévissent à répétition chaque sept à dix ans depuis cent cinquante ans malgré l'apparition des banques centrales au début du XXe siècle. Loin de stabiliser le système financier, celles-ci amplifient les risques en inondant les marchés financiers de liquidités qui vont se placer sur des marchés à haut risque. Nous sommes peut-être à l'orée d'une crise qui surpassera en ampleur celles de 1929 et de 2007-2008, mais la seule certitude est que, dans l'immédiat, il est nécessaire de mieux comprendre l'univers financier tel qu'il se présente à ce jour, avec ses principaux foyers de risque systémique.

Nous espérons que ce coup de projecteur vous aidera à mieux voir tout l'édifice spéculatif qui se tapit dans l'ombre.

UNE CRISE EN APPARENCE EFFACÉE

Il avait plongé à 6470 points en mars 2009. Il a culminé à 18 350 points en mai 2015 (+185%). À regarder l'indice Dow Jones, la crise était effacée. Après six ans, les actions américaines étaient 30% plus hautes qu'aux sommets de 2007. Ce n'est qu'à partir de septembre 2015 qu'elles ont commencé à corriger, après cette hausse phénoménale et ininterrompue de six ans.

Malgré cette débauche d'argent facile, les économies des pays du G20 n'atteignent même pas une croissance de 2%.

La recette des banques centrales a seulement favorisé la croissance de la dette, des risques et de l'inflation financière et immobilière. Les actifs financiers progressent plus vite que l'économie et les banques centrales ne maîtrisent plus leur sujet : elles continuent de mesurer l'inflation sans y inclure les actifs qui se renchérissent, à savoir les actifs financiers et immobiliers. Pourtant, l'ancien président de la Fed, Alan Greenspan, avait exprimé ses questionnements au sujet de l'inflation des actifs financiers, s'interrogeant si un banquier central ne devait pas en tenir compte dans son évaluation de l'inflation, dans son livre *The Age of Turbulence*[4].

Les banques centrales tentent de contrôler l'inflation et d'assurer la stabilité financière en mesurant l'évolution du panier de la ménagère. Pendant ce temps, elles gonflent les bulles immobilières et financières, sans inclure cette inflation dans l'indice des prix à la consommation, alors qu'elle constitue le principal signal de surchauffe du système.

Ne pas tenir compte du gonflement des actifs financiers, qui composent la fortune des ménages et des entreprises, pour mesurer l'inflation est malencontreux.

Une banque centrale comme la Réserve fédérale détermine, par sa politique de taux, la quantité de liquidités (ou argent emprunté) qui s'investit, agissant directement sur les prix des actifs financiers et immobiliers. Dès lors, elle a

---

[4] http://www.e-reading.club/bookreader.php/133618/The_Age_of_Turbulence.pdf

pour responsabilité de surveiller les mouvements globaux de liquidités en dollars qui passent d'un actif à l'autre, d'une monnaie à l'autre. Les mouvements de capitaux globaux sont largement déterminés par les taux d'intérêt des grandes banques centrales. Ces mouvements peuvent être très rapides et très brutaux, comme on l'a vu lors du mini-krach des monnaies émergentes en janvier 2014, ou de l'effondrement des actions chinoises en 2015. Ces mouvements brusques, semblables à un banc de poissons qui change de direction en un éclair de temps, se produisent lorsque de gros investisseurs se retirent en bloc d'un marché, agissant sur le même signal.

Le taux directeur des banques centrales, et en particulier de la Fed, est à la base du prix de pratiquement tous les actifs. Une remontée abrupte peut déclencher, une fois de plus, l'éclatement de la bulle mondiale de l'argent emprunté en dollars et en euros qui s'est investi notamment dans les marchés les plus risqués. L'euphorie des taux bas, qui aura cette fois-ci duré sept ans et n'est pas terminée, se paie toujours très cher lorsqu'elle passe.

DE L'EUPHORIE À LA RÉALITÉ

Les derniers sept ans ne sont qu'une réplique exacte de la période 2000-2007. L'économie américaine avait connu trente-neuf trimestres de croissance ininterrompue à fin 2000. Une résilience jamais atteinte auparavant selon le banquier central de l'époque, Alan Greenspan. On pensait alors que les nouvelles techniques de gestion des risques permettaient d'éviter les catastrophes.

La crise asiatique de 1998, le krach des dotcom et la faillite du fonds spéculatif LTCM auront raison de cette résilience.

LE KRACH N'A PAS LIEU TANT QUE LES TAUX SONT À ZÉRO

Greenspan baisse les taux d'intérêt onze fois de mai 2000 à décembre 2001, pour sortir les États-Unis de la crise des dotcom. Le taux directeur passe de 6,5% à 1,75%. Il est à 1% en 2003 et 2004, son plus bas niveau en quarante-cinq ans. La liquidité inonde le système économique, parce qu'on n'hésite plus à emprunter à des taux aussi bas. Le crédit explose et l'argent devient trop facile, le prix des maisons s'envole avec la bourse et la consommation. L'inflation n'apparaît pas dans l'indice des prix à la consommation (CPI ou *Consumer Price Index*) malgré les attentes mais les actifs financiers et l'immobilier flambent. Les prix de l'immobilier avaient augmenté de 5,2% par an entre 1995 et 2000; ils croissent à 11,5% par an les cinq années suivantes et le marché de la pierre gagne 152% en valeur entre 1997 et 2006. Les capitalisations des principales banques passent de 900 milliards à 5400 milliards sur une seule année entre 2003 et 2004. La dette immobilière double de 2001 à 2007 et l'endettement des ménages américains passe de 80% du revenu en 1993 à presque 130% à mi-2006. Les profits bancaires passent de 10% du total des profits des entreprises américaines en 1980 à 40% de tout ce que génère Corporate America en 2007. La Fed poursuit sa politique laxiste et la machine à faire des prêts immobiliers continue de tourner à plein régime jusqu'à ce qu'en juin 2004, voulant freiner la surchauffe du marché immobilier, la Fed commence à relever les taux d'intérêt et les hisse à 5,25% en 2006. Le marché immobilier ne le supporte pas et se dégonfle immédiatement car nombre d'emprunteurs ne peuvent plus payer les charges financières et sont guettés par les saisies de leur logement et leur expulsion dans la rue. Mais la machine à faire des prêts continue jusqu'en 2007 malgré la chute des prix immobiliers, qui démarre dès 2006. Jusqu'au krach de tout l'édifice financier qui commence en mars 2007, avant la capitulation de septembre 2008.

RELEVER LES TAUX N'EST PAS TOUJOURS SYNONYME DE KRACH

Il est admis aujourd'hui comme une évidence que les taux d'intérêt de la Fed doivent rester à zéro – peut-être même à perpétuité – pour ne pas provoquer de krach financier. Or si c'est le cas, c'est uniquement parce que le système est dysfonctionnel en raison de l'excès de dette. Dans un système sain et faiblement endetté, le resserrement de la politique monétaire ne provoque pas de krach. Ainsi, lorsque la Fed a resserré les taux au milieu des années 90, cela n'a pas eu de conséquences négatives sur les indices boursiers, car il n'y avait pas d'excès d'endettement dans le système. À l'inverse, chaque fois qu'il existait une bulle de crédit, les hausses de taux ont été néfastes, voire catastrophiques, comme en 2000 et 2007, ainsi que le montre le graphique page suivante.

Lorsque les taux d'intérêt remontent, les garanties perdent de la valeur et les charges financières augmentent. C'est le cauchemar des débiteurs, qui doivent payer plus d'intérêt et compenser la perte de collatéral* lorsque leur banquier fait un appel de marge* ou de fonds propres. Un appel de marge est l'exigence d'un versement de fonds supplémentaires ou de collatéral supplémentaire au créancier, pour couvrir la dépréciation des actifs sur lesquels le crédit est gagé. La hausse des taux n'est donc redoutée que dans des configurations d'endettement élevé.

2. DANS LES ANNÉES 1990, IL N'Y AVAIT PAS AUTANT D'ENDETTEMENT

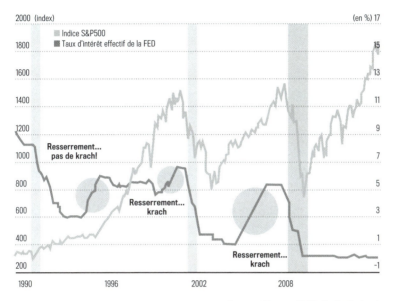

Source: Réserve fédérale de St. Louis

LA LIQUIDITÉ EST FAIBLE AU DÉBUT DE 2016

Début 2016, la liquidité des marchés du crédit, c'est-à-dire la capacité pour un investisseur à vendre rapidement ses titres, continue de se détériorer. Le degré de liquidité des obligations d'entreprises* a connu un déclin de 70% de 2007 à 2014, puis de 30% à 40% de 2015 à 2016. En d'autres termes, il est devenu plus difficile de trouver rapidement des acheteurs pour les obligations d'entreprises que l'on souhaite vendre. Même les obligations de la Confédération suisse ne se vendent plus comme auparavant, selon les professionnels de l'investissement. Les investisseurs institutionnels s'y accrochent, et ne les revendent pas fréquemment, faute d'alternatives sûres. En général, les rachats de dette souveraine (ou dette gouvernementale) par les banques centrales ont réduit les volumes de transactions pour ces actifs.

La liquidité se détériore aussi pour de gros hedge funds qui gèrent des portefeuilles de 2 ou 3 milliards avec un important effet de levier (dette) : ceux-ci sont particulièrement concernés par le risque de liquidité. En effet, quand l'industrie des fonds spéculatifs gérait 300 milliards de dollars il y a douze ans, il était alors permis d'imaginer que chaque fonds avait une stratégie unique, inimitée, génératrice de rendements décorrélés du reste du marché (ce qu'on appelle l'« alpha »). Mais à l'heure actuelle, les hedge funds sont un secteur qui gère 3000 milliards de dollars ; dès lors, les stratégies identiques s'accumulent et créent des engorgements à la sortie : si de nombreux hedge funds sont positionnés sur un même pari, le jour où un krach se produit, des positions identiques portant sur des montants gigantesques voudront toutes se dénouer au même moment, et ces fonds se retrouveront, typiquement, tous coincés ensemble à la porte de sortie d'un stade en feu, sans pouvoir passer. Être vendeur aujourd'hui peut procurer des sueurs froides, surtout sur le marché obligataire. D'autres stratégies sont surencombrées : par exemple, de très nombreux fonds sont vendeurs de volatilité* (la volatilité est l'ampleur des variations d'une action ou d'un indice boursier). Lorsque celle-ci augmente comme actuellement, ils veulent tous dénouer ces positions en même temps et se retrouvent à court de liquidité, c'est-à-dire qu'ils ne trouvent pas d'acheteur auquel vendre leur position.

Paradoxalement, la réglementation retire de la liquidité du marché, en exigeant des fonds propres de meilleure qualité. Il y a donc moins d'échanges sur le marché, car les standards sont plus stricts. En effet, auparavant les traders pouvaient emprunter de l'argent en échange d'actifs (immobiliers par exemple) de qualité moyenne, qu'ils offraient comme garantie (ou collatéral). À présent, les banques centrales imposent des exigences plus élevées aux bilans des banques : que ce soit en termes de qualité du capital, ou de qualité du collatéral ou des critères de liquidité des actifs. Dès lors, seuls des actifs de bonne qualité peuvent être utilisés comme collatéral. Ce qui mène les banques à les parquer dans leurs fonds propres. Les régulateurs chassent donc les actifs de bonne qualité du marché avec les règles mises en place après la crise. De même, il devient de plus en plus cher et difficile pour les banques d'emprunter des liquidités sur le marché *repo** (le marché du financement à court terme, que nous expliquerons plus loin) en échange d'un actif (collatéral) de moindre qualité. Les nouvelles règles chassent les acteurs réglementés du marché *repo* au profit des acteurs non réglementés. Ces derniers usent et abusent du financement à court terme, qui prédominera tant que les taux d'intérêt seront proches de zéro, comme nous le détaillons dans le chapitre consacré à ce thème. Le financement à court terme, c'est la possibilité pour les acteurs financiers d'emprunter à quelques jours d'échéance, et à très bon marché, pour spéculer sur les marchés. Dès lors, des mécanismes de financement au jour le jour, fragiles, qui peuvent être déstabilisés très vite en cas de hausse des taux, représentent le soubassement des activités des acteurs spéculatifs de la finance de l'ombre.

UNE SORTIE DE CRISE SÈME LES GRAINES DE LA SUIVANTE

> « Cette crise financière pouvait être évitée, soyons clairs, le rapport est rempli d'évidences et de ratés. Rien de ce qui s'est passé n'était un acte de Dieu ! »
>
> Phil Angelides, président de la Commission d'enquête sur la crise financière, lors de la remise du rapport sur la crise des subprime de 2008.

En janvier 2016, l'indice des actions américaines S&P 500 est 30 % supérieur à son pic de 2007. Mais cela s'est fait au prix de trois programmes d'assouplissements quantitatifs, au terme desquels la Fed a injecté 3700 milliards de dollars dans les marchés à travers le rachat massif de titres subprime et de bons du Trésor, ce qui a permis aux banques de se débarrasser des actifs qui plombaient leur bilan auprès de cet acheteur providentiel (la Fed), et de récupérer des liquidités en échange.

Depuis la fin de cette stimulation, les marchés et l'économie s'essoufflent. La débauche de moyens utilisés sept ans durant n'aura pas eu d'effet fondamental. Les marchés financiers tanguent au début de 2016. Un sauvetage est réussi si la sortie s'effectue avec succès ; cette fois, rien n'est moins sûr. Si les banques centrales des États-Unis et d'Europe voulaient se décharger de la montagne d'actifs qu'elles ont accumulée sur leurs bilans, elles ne trouveraient jamais d'acheteurs sur le marché. En outre, la période prolongée sans taux d'intérêt a rendu cette béquille monétaire indispensable pour les acteurs des marchés, accoutumés à n'investir pratiquement rien d'autre que de l'argent emprunté à bon marché.

LE KRACH N'A PAS LIEU TANT QUE LES TAUX SONT À ZÉRO

Quant aux gouvernements, s'ils voulaient rembourser leur dette colossale, le scénario de hausse des taux rendrait la charge financière sur celle-ci insoutenable.

==Il est donc évident que le krach mondial a été évité uniquement parce que les taux sont restés à zéro.== C'est la seule raison qui maintient les 80 000 milliards de dette spéculative à l'état solvable. Les taux d'intérêt se retrouvent coincés dans la trappe à liquidités, situation postulée par Keynes dans sa *Théorie générale*, et qui se produit lorsque la politique de taux bas devient totalement inefficace pour relancer l'économie.

Cette impasse a pour cause directe la politique monétaire dite de «planche à billets», qui fait référence à la création monétaire *ex nihilo* par les banques centrales en vue de racheter des actifs pour baisser les taux d'intérêt longs et soutenir artificiellement la valorisation des marchés.

Où pourrait se manifester le prochain krach? Dans la suite de cet ouvrage, nous recensons les marchés à haut risque et décrivons leur fonctionnement de manière, nous l'espérons, compréhensible aussi pour les non-spécialistes. Cette démonstration permettra de prendre conscience de l'étendue du «no man's land» financier que sont aujourd'hui devenus, en bonne partie, les marchés.

Au cœur de cet édifice incontrôlé, comme nous l'avons expliqué dans ce chapitre, se trouve la politique monétaire des banques centrales américaine et européenne. Lorsqu'une banque centrale, sept ans durant, conserve les taux d'intérêt à 0% et rachète des obligations sur le marché, il se produit ce que l'on observe aujourd'hui : la dette devient omniprésente. Tout ce qui est placé par les investisseurs sophistiqués, ou presque, l'est avec de l'argent emprunté et non avec du capital propre. On emprunte à

0%, et on investit dans des marchés à plus haut rendement, comme la dette d'entreprises de qualité risquée. Acheter les obligations (c'est-à-dire la dette) d'une entreprise ayant une faible qualité de crédit rapporte à l'acheteur un rendement élevé. Tous les mécanismes que vous lirez plus loin ont ce principe pour base. Lorsqu'on a compris cela, on a compris la finance de l'ombre. Le marché obligataire* dans son ensemble (emprunts d'État, dette d'entreprise, dette défaillante, financement de sociétés en démarrage et de sociétés non cotées), porté à bout de bras par la banque centrale, devient le sous-jacent* principal pour d'infinis montages* spéculatifs pléthoriques et impossibles à estimer, comme vous pourrez en prendre la mesure dans les pages qui suivent.

Pour commencer, consacrons le prochain chapitre à définir cette finance dérégulée, qui respire et expire de la dette : la finance de l'ombre, un fantôme de 80 000 milliards de dollars.

LE *SHADOW BANKING*, OU FINANCE DE L'OMBRE

Ce qu'on appelle la finance de l'ombre n'est pas une affabulation inspirée des films de science-fiction, mais un secteur tout à fait réel, documenté et évalué par le Conseil de stabilité financière, et qui évolue en parallèle au système bancaire. Appelé en anglais *shadow banking*, ce secteur se compose de la finance non bancaire, et en particulier des activités d'octroi de crédit par des acteurs qui ne sont pas des banques. Divers fonds d'investissement, courtiers, négociants, hedge funds agissent en effet comme des banques de l'ombre, dans le sens où ils font crédit aux entreprises et au système financier, tout en échappant totalement ou partiellement aux réglementations du système bancaire traditionnel. Le rôle du shadow banking dans les crises de 2002 (Enron, Worldcom) et de 2008 (subprime) est avéré. Les banquiers centraux, le G20 et le FMI s'alarment régulièrement de l'ampleur de ces activités de financement non bancaire, mais sont réticents à les réglementer, préférant les recenser et les mesurer pour anticiper les risques.

La finance de l'ombre croît plus vite que la finance réglementée que l'on connaît. Elle a pris son essor durant les années 2000 à la faveur de la bulle des dettes subprime et avec le développement phénoménal de la titrisation* (regrouper des paquets de dette hypothécaire ou d'entreprises, et les emballer dans un titre financier, vendu aux investisseurs). Plus surprenant, le shadow banking a continué de croître à un rythme très élevé même après la crise.

En réalité, ce n'est pas si surprenant. À l'évidence, sa croissance doit tout aux taux d'intérêt zéro, qui permettent à l'industrie financière d'accéder à du crédit gratuit, pour l'investir à des rendements plus élevés, principalement dans de la dette risquée d'entreprises. Par exemple, un fonds spéculatif emprunte, à un taux de 0% et des poussières, 10 millions de dollars, et les investit dans les *junk bonds** (ou obligations spéculatives, de très faible qualité de crédit) des entreprises du gaz et pétrole de schiste aux États-Unis. Investir dans les obligations risquées des petites et moyennes entreprises du secteur du pétrole et gaz de schiste rapportait, au début de 2016, jusqu'à 20% de rendement annuel à l'investisseur qui s'y risquait. Pendant le boom du schiste américain entre 2009 et 2015, ces obligations rapportaient autour de 5%, ce qui est déjà bien plus attrayant qu'un bon du Trésor ou une obligation de la Confédération suisse. Un tel rendement élevé rémunère la prise de risque : la moitié des entreprises du secteur du schiste aux États-Unis, très vulnérables aux prix du pétrole, risquent la faillite cette année et la prochaine, ce qui rend leurs emprunts très spéculatifs, et aussi très rémunérateurs pour les spéculateurs qui s'y risquent (mais qui perdraient leur mise, bien entendu, en cas de défaut des entreprises concernées).

Une appellation moins sensationnaliste que « finance de l'ombre » ou « finance fantôme » est « financement basé sur le marché ». Préférée par certains organismes gouvernementaux pour dédiaboliser ce secteur, cette appellation banalise la pratique malgré ses risques considérables, et reconnus comme tels, qui n'ont rien de banal. La description de « financement basé sur le marché » a néanmoins le mérite d'énoncer la distinction essentielle qui caractérise le shadow banking, à savoir le fait qu'il s'agit de financement non bancaire, par opposition au crédit bancaire. Nous utiliserons toutefois les termes de shadow banking et de finance de l'ombre, car ce sont ceux retenus par le G20, la BCE, le FMI et le Conseil de stabilité financière (CSF), qui publie chaque année son rapport sur le volume total de financement non bancaire que représente ce secteur.

Publié en novembre 2015, le dernier rapport indique un volume total du shadow banking, pour les vingt pays recensés (+ la zone euro) qui représentent 90 % du système financier mondial, de 80 000 milliards de dollars à fin 2014[1]. Ce volume, qui atteint 128 % du PIB des pays concernés, représente les actifs de tous les intermédiaires financiers non bancaires recensés (hedge funds, courtiers-négociants, fonds d'investissement, sociétés financières, fonds immobiliers, etc.) Il y a donc au moins 80 000 milliards de crédits risqués qui ne bénéficient pas des couvertures et garanties propres au secteur bancaire. Les États-Unis accaparent à eux seuls la part du lion, soit 26 000 milliards sur ce montant. Les dix-neuf pays de la zone euro représentent collectivement 29 000 milliards. Le Royaume-Uni pèse quant à lui 9000 milliards dans l'intermédiation de crédit non bancaire. Quant à la Chine, son secteur financier de l'ombre représente désormais 3040 milliards de dollars, et sa croissance est rapide.

---

[1] Le groupe des pays inclus dans l'étude est composé de vingt pays + la zone euro : l'Allemagne, l'Afrique du Sud, l'Arabie saoudite, l'Argentine, l'Australie, le Brésil, le Canada, le Chili, la Chine, la Corée, l'Espagne, les États-Unis, la France, Hong Kong, l'Inde, l'Indonésie, l'Italie, le Japon, le Mexique, les Pays-Bas, la Russie, le Royaume-Uni, Singapour, la Suisse, la Turquie et le reste de la zone euro.

80 000 milliards, un montant en hausse de 1600 milliards par rapport à 2013, lorsque le shadow banking était estimé à 78 400 milliards. La forte croissance de cette intermédiation non bancaire a dépassé en 2014 celle du système bancaire. Cela s'explique en grande partie par l'essor fulgurant de la dette d'entreprises émise sur les marchés des capitaux. En effet, avec la faiblesse des taux d'intérêt, il est devenu extrêmement intéressant pour toute entreprise d'émettre une dette sur le marché des capitaux, autrement dit un emprunt obligataire, pour lequel sa charge financière est devenue beaucoup plus légère qu'auparavant. Pour une entreprise européenne, un emprunt obligataire de qualité d'investissement coûte désormais moins de 2 %, ce qui revient nettement moins cher qu'un crédit bancaire.

Les entreprises se financent en effet soit à travers des lignes de crédit octroyées par les banques, soit à travers le marché des capitaux directement, en plaçant leur dette (qui prend la forme d'obligations) auprès des investisseurs. Ceux-ci peuvent souscrire à des obligations d'entreprises à travers des fonds de placement que leur proposent les banques, ou sélectionner eux-mêmes leur portefeuille d'obligations d'entreprises. Ces dernières ont des qualités de crédit diverses. Lorsqu'une entreprise est très bien notée par les agences de notation, l'investisseur – qui est dans ce cas un créancier ou porteur d'obligation de cette entreprise – reçoit un coupon (taux d'intérêt) assez bas ; lorsque l'entreprise affiche une faible qualité de crédit (avec une notation médiocre), l'investisseur qui choisit d'y investir touche un coupon plus élevé, qui le rémunère pour le risque qu'il prend en prêtant de l'argent à cette entreprise.

La finance de l'ombre a donc atteint son record absolu, sur fond de bulle obligataire de type *corporate* (entreprises).

LE *SHADOW BANKING*, OU FINANCE DE L'OMBRE

Le fait le plus notable est que la finance de l'ombre n'a jamais cessé de progresser, même après la crise. En 2011, cette masse de crédit non bancaire s'évaluait à 67 000 milliards ; en 2007, au sommet de la bulle spéculative, elle était 30 % moins grande qu'aujourd'hui, à 60 000 milliards. En 2002, elle atteignait 27 000 milliards. Le risque systémique a donc pratiquement quadruplé en douze ans et n'a, surtout, jamais cessé de progresser après la fin de la crise.

Sa taille à fin 2014 – 80 000 milliards – qui dépasse le PIB mondial à fin 2014 (78 000 milliards), laisse penser qu'elle prendra le pas sur la croissance économique mondiale ces prochaines années.

Dans le rapport 2015, le Conseil de stabilité financière (CSF) a introduit une nouvelle méthodologie, plus resserrée, pour estimer les entités et activités de l'ombre. Cette mesure plus étroite se base sur les « fonctions économiques » directement impliquées dans la finance de l'ombre et qui posent un risque pour la stabilité financière. Selon cette mesure, le risque *stricto sensu* lié à l'intermédiation de crédit non bancaire est de 36 000 milliards en 2014 pour vingt-six pays recensés, soit l'équivalent de 60 % des PIB de ces pays.

Nous préférons néanmoins la définition plus large, de 80 000 milliards. D'une part, elle peut être comparée aux montants des quatre précédents rapports et donner ainsi la tendance historique qui nous a permis de constater le quasi-quadruplement des actifs de la finance de l'ombre depuis 2002. D'autre part, si on lit attentivement le rapport 2015 du CSF, il est très souvent indiqué que les données sont encore incomplètes, car nombre de juridictions ne sont encore qu'au début du recensement et de la coopération dans ce domaine, et que les chiffres du rapport, même les définitions larges, pourraient clairement sous-estimer l'ampleur de la finance de l'ombre.

SES ACTEURS : DES SPÉCULATEURS SOPHISTIQUÉS

Comme le résume Laura Kodres, experte en risques systémiques auprès du FMI : « Qu'est-ce qu'une banque de l'ombre ? En principe, quand cela ressemble à un canard, que cela cancane comme un canard, cela devrait être un canard, ou du moins c'est ce que dit le proverbe. Mais qu'en est-il d'une institution qui a l'air d'une banque et agit comme une banque ? Eh bien souvent, ce n'est pas une banque – c'est une banque de l'ombre. »

Définissons à présent concrètement les acteurs de ce secteur et leurs activités.

Le shadow banking se compose essentiellement de spéculateurs sophistiqués. Ce système parallèle recouvre l'ensemble des entités qui mènent des activités de financement pouvant poser un risque systémique, alors qu'elles ne sont pas soumises aux contraintes réglementaires des banques. On peut citer les entités suivantes :

- gérants de fonds obligataires ;
- fonds spéculatifs (hedge funds) actifs sur les marchés du crédit[2] ;
- courtiers-négociants *(broker-dealers)* ;

---

[2] Les actifs ont progressé de 15 % en 2014, mais leur risque systémique est sous-estimé par le rapport du Conseil de stabilité financière, en raison des informations insuffisantes obtenues auprès des juridictions de domicile des hedge funds, à commencer par les îles Caïmans, premier domicile des hedge funds américains après le Delaware.

- firmes de capital-investissement* (*private equity*, ou investissement dans des entreprises non cotées en bourse, défini plus loin dans cet ouvrage) ;
- marchés du financement à court terme (marché repo, détaillé plus loin, et fonds du marché monétaire) ;
- sociétés de prêt immobilier, souvent actives dans la titrisation de la dette hypothécaire pour la transférer à des investisseurs ;
- segments non réglementés des banques d'affaires : les dark pools, expliqués en détail plus loin dans ce livre) et les structures hors bilan créées par les banques.

Cette liste n'est pas exhaustive. Font partie de la finance de l'ombre tous types d'intermédiaires financiers non bancaires qui octroient du crédit au système financier ou aux entreprises, et qui ne sont pas assujettis à la réglementation bancaire, ni ne bénéficient de garanties de crédit en cas de défaillance. Les compagnies d'assurances, bien qu'elles soient actives sur le marché de l'intermédiation de crédit, ne font pas officiellement partie du shadow banking car elles sont soumises à des réglementations importantes (à l'instar de Solvency, la réforme réglementaire européenne) qui s'apparentent aux règles de Bâle pour les banques, avec des exigences de fonds propres destinés à couvrir leurs risques de marché.

Depuis la fin de la crise, ce sont par exemple très souvent des acteurs non bancaires qui, aux États-Unis, font des prêts hypothécaires. Avant la crise, les prêts hypothécaires se concentraient entre les mains d'organismes de prêts bancaires. Depuis la crise, le marché est devenu plus fragmenté, et on estime que plus de 40% des hypothèques se contractent aux États-Unis au travers d'instituts non bancaires, comme Quicken Loans (Detroit, Michigan), devenu le plus grand prêteur hypothécaire en ligne, selon le site d'informations National Mortgage News.

Dans sa définition large, le shadow banking est un système bancaire parallèle qui désigne l'ensemble des activités et des acteurs contribuant au financement non bancaire de l'économie et des marchés. Sous cette définition, les plateformes de crowdfunding* comme Lending Club en font également partie. En effet, les plateformes de prêts entre particuliers échappent aux réglementations bancaires. En Grande-Bretagne – le marché le plus développé pour le crowdfunding – des réglementations légères se mettent progressivement en place depuis 2014. Elles visent à limiter l'accès du grand public à ces plateformes ou à le conditionner à des mesures de prudence pour protéger les consommateurs qui y investissent, garantir la solidité des plateformes, atténuer le risque de cyberattaques, de fraude, ou de mauvaise évaluation du risque de crédit. Pour l'heure, le marché du crowdfunding global, inférieur à 20 milliards de dollars, représente toutefois un risque mineur comparé au reste de la planète financière de l'ombre.

LE PRINCIPE DE BASE : EMPRUNTER POUR SPÉCULER

La croissance du shadow banking des dernières années a accompagné la croissance économique, car elle se calque largement sur cette dernière. Les pays comme les États-Unis, qui ont connu la meilleure croissance parmi le G7[3] sont ceux où le shadow banking a le plus progressé entre 2010 et 2014. Les États-Unis restent le pays qui a le

---

[3] « Groupe des sept » pays les plus développés : États-Unis, Japon, Allemagne, France, Royaume-Uni, Italie, Canada.

plus grand secteur de finance de l'ombre, avec plus d'un tiers du marché total, suivis du Royaume-Uni. Les dix-neuf pays de la zone euro représentaient ensemble 29% du marché en 2014. Il faut également noter la montée de la Chine dans le secteur du shadow banking, avec un poids qui a contribué au doublement de la part des pays émergents dans ce secteur, de 6% en 2010 à 12% en 2014.

En termes de taille des secteurs du shadow banking par rapport aux économies concernées, sans surprise l'Irlande, le Royaume-Uni, la Suisse et les États-Unis affichent les pourcentages les plus élevés, avec respectivement 1190%, 147%, 90%, et 82% du PIB respectif de chaque pays.

À l'inverse, la finance de l'ombre représente moins de 10% du PIB en Turquie, en Argentine, en Arabie saoudite, en Russie et en Indonésie.

La taille du secteur bancaire continue d'être supérieure à celle du shadow banking dans la plupart des pays, à l'exception de l'Irlande, pays où se domicilient quantité de hedge funds, tandis que le secteur bancaire y est relativement petit.

En 2014, les actifs de la finance de l'ombre ont augmenté de 10%, contre 4,7% en 2013. Si l'on décortique les entités ou les activités les plus à risque, on trouve que dans 60% des cas, le risque de la finance de l'ombre est posé par des « véhicules de placement collectifs* », à savoir des fonds de placement, investis principalement dans la dette d'entreprises à la solvabilité médiocre, ainsi que les stratégies des hedge funds axées sur le crédit, mais aussi les fonds immobiliers utilisant du levier, les fonds du marché monétaire (qui se financent sur le marché à court terme, expliqué plus loin), et les véhicules qui émettent de la dette à court terme. Ces derniers, qui ne sont pas comptabilisés sur les bilans des banques, émettent par exemple du papier commercial remboursable à 180 jours, et utilisent le cash issu de cet emprunt pour investir dans des actifs divers.

Le principe de base, c'est l'arbitrage de taux: le véhicule s'endette à taux très bas et investit à des rendements plus élevés. Le contexte de taux d'intérêt zéro a créé une frénésie sur ce type de stratégies, qui représentent l'essence de ce qu'est le shadow banking.

On trouve aussi, dans les placements risqués, les ETF* synthétiques (lire le chapitre consacré à ces derniers), ainsi que les courtiers-négociants et les prêteurs de titres. Ces derniers travaillent de façon particulièrement opaque. Nous explorerons plus loin dans ce livre les risques liés aux pratiques de cette catégorie d'intermédiaires, notamment les prêts de titres destinés à la vente à découvert *(short selling*)*. Enfin, on trouve aussi dans la finance de l'ombre les intermédiaires actifs dans le crédit à la consommation, les prêts hypothécaires, les sociétés d'affacturage (financement et recouvrement des créances d'entreprises), les prêts aux étudiants, les leasings de voitures; bref, tous types de prêt au consommateur qui ne passent pas par une banque. Pour tous ces acteurs, emprunter bas pour prêter plus cher est la règle du jeu: une stratégie somme toute très simple, mais à haut risque.

Les fonds de placement et les hedge funds actifs sur le marché du crédit sont mentionnés par le rapport sur le shadow banking comme étant particulièrement à risque, car ils sont susceptibles de recevoir des demandes soudaines de rédemptions* (remboursement) en cas de crise boursière. Si ces fonds assemblent des actifs illiquides* (difficiles à écouler individuellement) pour les vendre sous forme de paquets titrisés et liquides*, ou s'ils opèrent avec un effet de levier*, comme c'est souvent le cas des hedge funds, ils peuvent dans tous ces cas se trouver en situation de crise de liquidité.

On le voit, les fonds qui prêtent de l'argent en dehors du système bancaire et qui se financent sur les marchés à court terme sont au centre de ce qu'on appelle le risque systémique. Lorsqu'un véhicule de ce type emprunte des liquidités à taux bas et à court terme, il cherche soit à les prêter, à un taux supérieur, soit à les placer, à un rendement supérieur. Mais le risque d'insolvabilité le guette à tout moment. D'un côté, il prend le risque de prêter ou de placer les fonds dans de la dette à long terme, peu liquide ; de l'autre côté, il dépend du marché qui le finance à court terme, ce qui ne lui laisse que très peu de marge de manœuvre. Si la contrepartie qui lui prête de l'argent décide de retirer son financement ou de ne pas renouveler le prêt, ce sera d'autant plus dommageable au fonds que le financement est à court terme. Si une crise se déclare et que le financement à court terme s'assèche, le fonds peut se trouver contraint de vendre ses actifs en urgence – s'il trouve des acheteurs – contribuant à la spirale baissière des marchés.

En outre, l'usage, par des fonds de placement, de produits dérivés à des fins spéculatives peut créer du levier synthétique, c'est-à-dire une exposition qui ne repose pas sur un sous-jacent réel et qui pose, lors de tensions sur les marchés, un risque de retraits massifs du fonds.

Les activités de courtier principal *(prime broker)*, qui incluent l'achat et la vente de titres et de dérivés sur les bourses régulées et hors bourse pour le compte de fonds ou de hedge funds soulèvent aussi des risques de liquidité, selon le rapport du CSF, suivant leur modèle de financement. S'ils dépendent de prêts à court terme, en se finançant par exemple à travers du papier commercial (emprunt remboursable à six mois), ces types de financement à court terme peuvent perdre leur liquidité d'un instant à l'autre, comme l'a amplement démontré la crise des subprime. Cette dernière avait en effet vu la liquidité disparaître des marchés du prêt à court terme, et c'étaient bien tous ces prêts au jour le jour, qui servaient à financer nombre de placements spéculatifs, qui constituaient les fondements fragiles de l'édifice qui s'est effondré à partir de mars 2007.

La titrisation, ou l'assemblage de plusieurs dettes de faible qualité sous forme d'un titre de bonne qualité, est une pratique dont les risques élevés ne sont plus à prouver. Elle aide à transformer des actifs potentiellement illiquides (dette risquée, qui peut devenir difficile à vendre sur le marché), en titres liquides et bien notés, elle finance ces titres avec des maturités potentiellement inadéquates, elle ajoute du levier, et elle contourne certaines contraintes prudentielles.

Tous ces mécanismes seront décrits plus concrètement dans les chapitres qui les concernent.

Ces risques touchent aussi les banques. Souvent, les véhicules financiers* sont utilisés par ces dernières pour contourner les réglementations. D'où l'interdépendance entre finance régulée et finance de l'ombre. Les risques systémiques peuvent aussi se transmettre du shadow banking aux banques régulées à travers de multiples canaux, qui rendent ces dernières vulnérables aux risques importés de la finance non bancaire.

Par exemple, les véhicules de financement peuvent faire partie de la chaîne d'intermédiation* de crédit qu'utilise la banque; ils peuvent être directement détenus par la banque, même s'ils ne sont pas comptabilisés sur son bilan; ils peuvent être au bénéfice de lignes de crédit de

LE *SHADOW BANKING*, OU FINANCE DE L'OMBRE

la banque; et les deux institutions peuvent détenir leurs dettes respectives sur leurs comptes.

La faiblesse du rapport du Conseil de stabilité financière est qu'il lui manque des données sur les hedge funds, dont il estime les actifs à 400 milliards, alors que l'industrie publie un chiffre de 3000 milliards sous gestion. En outre, il faudrait calculer son exposition nette en termes de dérivés. Or le rapport ne dispose pas de ces données. Les expositions des instruments dérivés, que ce soit pour les hedge funds, pour les gérants de fonds *(asset managers*)*, pour les banques, ou pour les véhicules d'investissement hors bilan avec lesquels travaillent les banques sont absentes du rapport. C'est là une lacune qui montre que les risques de contagion systémique en cas de crise sont probablement très sous-estimés, même s'il faut saluer l'effort de l'organisation de réussir le travail fastidieux de collecter des informations aussi difficiles à obtenir auprès de vingt pays ainsi que la zone euro.

Pour obtenir une image plus large de toute l'activité d'intermédiation non bancaire, le rapport du CSF a développé une mesure qui permet de détecter de nouvelles entités ou de nouvelles activités qui peuvent donner lieu à des risques auparavant non identifiés liés à la finance de l'ombre. Cette mesure inclut les activités de crédit des compagnies d'assurance et des fonds de pension. En les incluant, les activités de finance non bancaire atteignent 137 000 milliards de dollars en 2014. Les activités de financement des assureurs, des caisses de pension et des autres intermédiaires financiers ont progressé en 2014, alors que les actifs du système bancaire marquaient plutôt un léger déclin. L'écart se resserre.

LES TAUX 0%, INGRÉDIENT PRINCIPAL DU SHADOW BANKING

Ce qui est relativement peu expliqué, c'est comment un tel marché sauvage du financement non bancaire a pu se développer. Tout cela a été possible, comme expliqué à la fin du chapitre précédent, grâce aux politiques des années 2001-2016 des banques centrales.

De 2001 à 2004, puis de 2009 à 2016, les taux d'intérêt aux États-Unis sont restés proches de zéro. Lorsque les banques centrales baissent les taux à 0%, elles ne prennent aucune mesure qui permette de limiter ou de compenser l'expansion de l'endettement, car il est précisément le but de cette politique : offrir des liquidités empruntées pour inciter à l'investissement, à la consommation et à la dépense en général. Chacune de ces périodes a enflé de manière phénoménale le marché de la dette. Entre 2001 et 2004 est née la bulle des subprime. Entre 2009 et 2016, c'est une période encore plus longue d'argent gratuit, qui a favorisé une folle expansion de la dette. D'où l'hypothèque phénoménale des 80 000 milliards de dollars d'actifs risqués, contrôlés par des acteurs échappant aux réglementations bancaires.

Lorsque deux banques centrales de la taille de la Fed et de la BCE achètent, au total, entre 2009 et aujourd'hui, quelque 7500 milliards de dollars d'obligations (soit les montants combinés de toutes les opérations d'assouplissement quantitatif menées des deux côtés de l'Atlantique, qui représentent ce qu'elles ont entassé sur leurs bilans pour soutenir les marchés et l'économie), cela crée le plus énorme marché acheteur pour les obligations, toutes catégories confondues. Ces emprunts, portés par les achats des banques centrales, ne comportent dès lors qu'une faible charge financière par rapport à leur risque.

LE SHADOW BANKING, OU FINANCE DE L'OMBRE

Ce marché inclut : les obligations souveraines, les obligations d'entreprises de bonne qualité, les obligations d'entreprises *junk* (peu solvables), les titres hypothécaires sous toutes leurs formes (dette titrisée* et revendue à un public large d'investisseurs), le capital-risque* et les levées de fonds de startups technologiques de la Silicon Valley, et tous types de dérivés et de fonds indiciels* basés sur le marché de la dette.

Tout ceci ouvre un énorme pan d'activité financière « virtuelle », à l'aide des dérivés qui se créent sur la dette. Ces derniers parient sur les risques de faillite, et ajoutent aux paris physiques (avec sous-jacents) les paris synthétiques (sans sous-jacent).

LES MULTIPLES SOURCES DE RISQUE SYSTÉMIQUE

Les banques de l'ombre posent un risque sytémique, c'est-à-dire une menace de contagion de l'ensemble du système financier et de l'économie réelle. De par l'ampleur et la taille des intermédiaires engagés, et son interdépendance forte avec les banques, cet univers ne peut plus être ignoré.

D'où la volonté du Conseil de stabilité financière, qui estime annuellement les chiffres du secteur, de le rendre plus « solide », « résilient » et « transparent ». Le CSF a été créé lors de la réunion du G20 à Londres en avril 2009. Il regroupe vingt-six autorités financières nationales (banques centrales, ministères des finances, etc.). Depuis ses débuts, l'organisation déclare officiellement vouloir édicter des règles pour contenir le risque systémique. Mais pendant ce temps, la finance de l'ombre a progressé de 33% entre 2007 et 2014, selon les statistiques récoltées par le CSF auprès des juridictions concernées, et sa croissance actuelle dépasse celle du secteur bancaire régulé. En janvier 2015, lors du Forum économique de Davos, le directeur adjoint du FMI a averti que le shadow banking représente désormais le plus grand risque potentiel pour le système financier américain. « Les risques du système financier se sont déplacés vers le shadow banking », a averti le haut responsable du FMI, avec une croissance fulgurante des prêts par les fonds d'investissement et d'autres acteurs non bancaires, qui font crédit aux entreprises américaines. « Les entreprises ont levé des fonds à hauteur de 1300 milliards via des intermédiaires non bancaires aux États-Unis », a poursuivi le directeur adjoint du FMI, cité par le *Telegraph* au début de 2015. L'ensemble des passifs éventuels qui pourraient découler de ces prêts non bancaires atteignait selon lui 15 000 milliards de dollars, un risque plus élevé que les estimations de shadow banking en Chine. Les risques liés à ces prêts non bancaires aux États-Unis sont en train de dépasser les niveaux de risques atteints juste avant la faillite de Lehman Brothers.

Un phénomène d'autant plus préoccupant que c'est la finance de l'ombre, avec ses produits structurés, ses contreparties et son illiquidité soudaine qui avaient provoqué le désastre de 2008.

En mai 2015, même son de cloche auprès du président de la Banque centrale européenne, Mario Draghi : selon lui, la croissance rapide du shadow banking pose un risque pour la stabilité de la zone euro. Les acteurs de cette finance non bancaire pourraient contribuer à « des crises futures, en raison de sa taille croissante et de son opacité persistante », a estimé le banquier central européen, ajoutant que le risque réel pourrait être plus élevé que les estimations prises en compte, en raison de l'usage de l'effet de levier, qui amplifie les chocs. Et en effet, le rapport du CSF admet que ses données dans le domaine des dérivés sont insuffisantes pour estimer leur risque.

Entre 2005 et 2015, les actifs du shadow banking dans la zone euro ont plus que doublé, pour atteindre 23 500 milliards d'euros. Une forte chute des marchés serait un élément déclencheur de crise, selon la BCE.

Ces avertissements sont pour l'heure restés lettre morte. À ce jour (mars 2016), le shadow banking est encore en progression.

Ainsi, depuis huit ans, le Conseil de stabilité financière, qui inclut vingt-six gouvernements, est conscient du phénomène, et calcule les volumes de la finance de l'ombre – ce qui est une très bonne chose, certes – mais sans jamais agir pour l'éliminer. Son rapport annuel, qui sort en novembre de chaque année, se limite à des constats.

En cause également, le lobbying* efficace à Washington et à Bruxelles qui met en échec ou freine considérablement les velléités du Congrès américain et de l'UE de réglementer le shadow banking et ses nombreuses modalités (financement à court terme, ventes à découvert nues, limites sur les positions spéculatives, dérivés OTC, etc.).

Cette réticence à réglementer explique que la finance de l'ombre gagne de plus en plus d'acteurs dans ses rangs. En effet, quel est le message transmis au secteur financier ? Qu'on peut tout aussi bien fonctionner avec une réglementation très minimale, et que cela sera (presque) parfaitement toléré.

En cause aussi dans l'essor irrésistible de la finance de l'ombre : les exigences accrues de capital imposées aux banques par les régulateurs, pour les activités hypothécaires et les activités de crédit suite à la crise. Les banques ont donc délaissé en partie ces marchés, et d'autres acteurs plus « sveltes » en termes de régulation s'y sont faufilés.

Le choc systémique qui peut provenir de ces activités peut se déclarer à travers une banque réglementée, car le système de l'ombre et le système régulé sont largement interdépendants. Plus concrètement : des fonds spéculatifs d'importance systémique, ou des banques ayant des activités spéculatives (Goldman Sachs, Morgan Stanley, Deutsche Bank) peuvent connaître un krach soudain révélé suite à des risques trop élevés accumulés ces dernières années sur des transactions hors bilan, non répertoriées, opaques, utilisant les instruments dérivés traités hors bourse. Une crise d'illiquidité survenant sur un marché spéculatif (emprunts d'entreprises, dérivés sur devises ou sur matières premières ou autres) peut aussi déstabiliser la planète financière, qui à son tour déstabilisera la planète de l'économie réelle. On pourrait alors vivre un *bis repetita* amplifié des crises précédentes… Qui sauvera alors le système ? Les gouvernements et les banques centrales ont encore une montagne de dette du dernier sauvetage entassée sur leurs bilans.

Le shadow banking prend donc la place des banques non pour le meilleur, mais pour le pire.

Les régulateurs, en imposant des règles strictes aux seules banques, ont causé une conséquence qui paradoxalement a fortement augmenté les risques : une fuite des capitaux et de l'activité financière vers ces acteurs du shadow banking, moins solides financièrement, qui ont ainsi pris des parts de marché aux banques. Le risque n'a fait, dès lors, que se déplacer.

Les hedge funds et les fonds de private equity rachètent des produits sur dettes, octroient des crédits à la place des banques et créent d'autres marchés de financement à court terme.

Au final, la réglementation aura muselé, pour l'essentiel, les acteurs les moins dangereux : les petites institutions bancaires ont été réglementées en premier (la faute à leurs trop faibles ressources de lobbying ?) ; les banques « trop grandes pour faire faillite » ont bénéficié d'un très long délai avant l'application des nouvelles règles, car les accords de Bâle III (les exigences en matière de fonds propres pour couvrir les risques) auront mis de longues années à entrer en vigueur en Europe et aux États-Unis.

Dès lors, une fois qu'elles sont en vigueur, soit elles sont obsolètes car de nouveaux types d'actifs et de risques ont été conçus par les acteurs du système financier, soit elles ont été diluées dans leur mise en œuvre et rendues moins efficaces (actifs de moins bonne qualité finalement acceptés au titre de collatéral, possibilité de continuer à spéculer pour compte propre à certaines conditions, mise en œuvre repoussée, etc.)

Quant aux fonds d'investissement et autres entités financières non bancaires, à savoir les acteurs du shadow banking, ce sont les moins réglementés. Leur taille a explosé au moment même où de multiples réglementations bancaires censées mettre fin aux abus de 2002-2008 se mettaient en place. Pourquoi cet amoncellement de règles si, au final, tant d'acteurs non bancaires y échappent et alimentent plus que jamais le risque systémique ?

L'objectif du G20 et de son Conseil de stabilité financière est de « transformer le shadow banking en un système résilient de financement basé sur le marché ». Soit. Mais pour ce faire, ce sont encore les banques que le CSF recommande de réglementer, au niveau de leurs interactions avec les intermédiaires non bancaires. Ainsi, ce sont encore les banques et non les acteurs du shadow banking qui seront responsables de circonscrire leurs risques avec ces derniers. En outre, il est assez cocasse de noter que les nouvelles règles recommandées pour rendre le shadow banking résilient ne s'appliqueront pas avant 2019. D'ici là, non seulement la finance de l'ombre aura encore eu le temps d'augmenter de 10% ou 20%, pour dépasser confortablement la taille du PIB mondial, mais la prochaine crise financière pourrait se matérialiser.

Pourquoi le Conseil de stabilité financière ne veut-il pas réglementer directement les hedge funds, les marchés monétaires et autres fonds de private equity? Parce qu'il voit aussi des points positifs dans la finance de l'ombre. «Lorsqu'elle est conduite de manière appropriée, elle fournit une alternative au financement bancaire, en soutenant l'activité économique réelle. Elle est aussi une source bienvenue de diversification des risques dans l'octroi de crédit par le système bancaire, et elle offre une saine concurrence aux banques», indique le rapport du CSF.

C'est pourquoi l'existence d'un système de crédit parallèle aux banques est en principe favorisée par les gouvernements du G20. Cependant, les autorités reconnaissent aussi l'envers du décor de ce système: dépendance trop élevée envers le financement à court terme, problèmes de plans d'intéressement inadéquats en matière de prêts titrisés et structurés qui ont abouti à un affaiblissement des standards de crédit, et un manque de transparence en général qui a dissimulé de très importantes quantités de levier, une asymétrie des échéances, ainsi que le porteur final des risques au bout de la cascade des contreparties.

À l'heure actuelle, souligne le rapport 2015, l'un des principaux risques concerne les fonds investis dans des obligations d'entreprises. Les investisseurs surestiment entre autres la liquidité de ces fonds. En outre, on observe une forte croissance des fonds qui offrent des remboursements à la demande, c'est-à-dire une liquidité élevée pour l'investisseur, qui est en réalité illusoire car ces fonds investissent dans des obligations peu liquides. Un produit obligataire peut voir sa liquidité (son marché à l'achat et à la vente) s'effondrer d'un coup. Par exemple, un investisseur qui a placé de l'argent dans un fonds obligataire *high yield** (à haut rendement, c'est-à-dire risqué) peut, lors de tensions sur les marchés, demander à être remboursé, mais se retrouver coincé dans ce fonds car son gérant ne trouve pas d'acheteurs sur le marché qui lui permettraient de liquider la part de cet investisseur.

L'essor de la dette d'entreprises, émise sur les marchés des capitaux sous forme d'obligations et achetée par les investisseurs à travers les fonds de placement, a été fulgurant ces dernières années, marginalisant le crédit bancaire, en particulier dans le segment de la dette de faible qualité de crédit (junk bonds, high yield). En raison de cette explosion des émissions de dette d'entreprises, ces dernières sont aujourd'hui surendettées. En mai 2015 déjà, la BCE a mis en garde contre les niveaux d'endettement inquiétants des entreprises, qu'elle n'estimait pas soutenable si la croissance économique ne reprenait pas. Or la croissance des pays de l'OCDE a ralenti depuis.

L'effet domino peut venir d'une cascade de retraits d'investisseurs. En 2008, on a pu observer qu'un produit de dette titrisée qui perd en valeur voit les conditions de financement se durcir ; cela entraîne une dégradation du produit, qui pousse les investisseurs à vendre en masse ; les craintes de faillite de certains fonds mènent alors les banques à ne plus se prêter d'argent entre elles ; cela entraîne un gel des marchés du financement à court terme ; des véhicules de placement s'effondrent, et un blocage brutal de tout le système de crédit de l'ombre s'opère. En bout de chaîne, l'approvisionnement de l'économie réelle en crédit s'en trouve drastiquement restreint.

LES NOUVELLES BANQUES D'AFFAIRES ? CE SONT LES HEDGE FUNDS

Longtemps, ils ont été l'embryon de ce qu'est devenue aujourd'hui la finance de l'ombre. Ils sont les pionniers des stratégies de trading non conventionnelles. Ils sont aussi très présents dans les échanges hors bourse (de gré à gré). Et plus récemment, ils ont été parmi les fers de lance dans l'intermédiation non bancaire sur le marché du crédit, soit tout ce qui compose la définition de la finance de l'ombre. Il s'agit, bien sûr, des hedge funds.

Appelés fonds alternatifs ou fonds spéculatifs, ces véhicules d'investissement, gérés par des traders hautement sophistiqués, ne sont pas sujets aux réglementations bancaires, notamment les exigences de fonds propres et reporting* transparent vis-à-vis du client. Parmi ces gérants, on trouve notamment des vendeurs à découvert (qui effectuent des paris sur la baisse de titres ou de devises, et gagnent lorsque les prix de ces actifs chutent), des spécialistes de la finance quantitative (utilisant des algorithmes pour prédire les mouvements de marché), des traders à haute fréquence (utilisant des ordinateurs super-puissants qui tirent profit des écarts de prix en quelques millisecondes), et des activistes (qui prennent des participations dans des entreprises et les mettent sous pression afin qu'elles se restructurent).

A priori, un hedge fund n'a pas à faire l'objet des mêmes règles que les banques, car un fonds qui investit l'argent de ses clients n'est pas lui-même le dépositaire de l'épargne, il en est le gestionnaire; par ailleurs, un hedge fund n'est pas un organisme de crédit, à l'origine.

Sauf qu'aujourd'hui, les hedge funds font bel et bien crédit aux entreprises. En effet, l'essentiel du crédit passe par des émissions d'obligations par les entreprises sur le marché des capitaux. Ceci est vrai surtout pour les États-Unis, où les deux tiers du crédit d'entreprises passe par des emprunts obligataires, contre un tiers pour les entreprises européennes. En réalité, depuis la Seconde Guerre mondiale, l'émission d'emprunts obligataires par des entreprises américaines a explosé, et la valeur de ces obligations *corporate* en circulation est cinq fois plus importante que dans les années 1980. La part du financement par voie obligataire est passée de 37% dans les années 1980 à 58% en 2013 aux États-Unis, tandis que la part du crédit bancaire a chuté de 26% à moins de 10% sur la même période.

Dans la zone euro, la tendance est moins nette, mais elle est largement similaire. Les prêts bancaires restent la source prédominante de crédit aux entreprises à ce jour, mais le marché obligataire est en nette progression : la part des prêts bancaires est tombée sous les 60% pour la première fois depuis une décennie en 2013, les entreprises européennes cherchant davantage à se financer à travers le marché obligataire.

Cette évolution fait des hedge funds et de l'industrie des fonds de placement des créanciers majeurs des entreprises, puisqu'ils achètent leurs titres et les gèrent pour le compte de leurs clients.

Ainsi, la dette des entreprises des États-Unis et d'Europe appartient aujourd'hui aux investisseurs privés et institutionnels, qui sont les clients des hedge funds et d'autres types de gérants de fonds.

C'est cela que l'on appelle l'intermédiation de crédit.

En outre, les fonds spéculatifs prêtent aussi directement de l'argent à des entreprises, investissent dans des sociétés en quasi-faillite *(distressed debt)* et financent des investisseurs qui prennent des participations dans des entreprises non cotées *(leveraged loans)*.

Si l'on s'en tient à une définition stricte du shadow banking, seuls les hedge funds actifs sur les marchés du crédit, qui gèrent environ 650 milliards de dollars, font partie de la finance de l'ombre. Mais en réalité, l'univers des hedge funds actifs sur le marché obligataire (emprunts d'État, obligations d'entreprises de qualité d'investissement ou de qualité junk, dérivés de crédit) est beaucoup plus large, tout comme l'est, par voie de conséquence, le risque total qu'ils posent potentiellement pour le système financier.

Confidentiels dans leurs stratégies d'investissement, les hedge funds ne sont pas tenus de divulguer ces dernières à leurs investisseurs. Certes, en Europe, à la City de Londres et aux États-Unis, les organes de supervision ont accès au reporting de leurs transactions, mais seulement lorsque celles-ci passent par des marchés régulés, comme les bourses officielles telles que NYSE Euronext, le Nasdaq ou la bourse de Londres. Or nous verrons plus loin que les marchés hors bourse (OTC), ou de gré à gré, représentent aujourd'hui un vaste pan des transactions boursières.

Enfin, la plupart des hedge funds sont typiquement domiciliés *offshore*. Ainsi, pour près de 60% des hedge funds, même s'ils opèrent en Europe ou aux États-Unis, ils ne tombent pas entièrement sous le coup des réglementations continentales, car ils sont enregistrés dans une juridiction peu réglementée comme les Caïmans, les îles Vierges, Guernesey ou les Bermudes.

Capables de gagner lors des hausses comme lors des baisses de marchés grâce à leurs paris à la fois «longs» (acheteurs) et «courts» (vendeurs»), différents hedge funds sont entrés dans la légende pour leurs «coups boursiers» majeurs. En 2007, le pari le plus magistral de l'histoire a ainsi été signé par le gérant de hedge fund John Paulson, qui a gagné presque 4 milliards de dollars personnellement en vendant à découvert le marché des subprime.

Les hedge funds peuvent aussi mener des paris très abstraits, tels qu'acheter ou vendre de la volatilité*, et donc parier sur l'amplitude des variations des indices. Si par exemple un hedge fund est acheteur de volatilité, il parie sur l'augmentation de celle-ci. S'il est vendeur, il parie que les marchés vont fluctuer de plus en plus faiblement.

Si les hedge funds entrent aujourd'hui dans la finance de l'ombre, c'est parce que ce sont les traders les plus actifs, en général, sur la plupart des classes d'actifs et en particulier sur le marché des taux fixes (ou marché obligataire).

Suite à la crise de 2008, les autorités de surveillance d'Europe et des États-Unis considèrent les plus gros parmi eux comme des acteurs qui présentent un risque systémique. Depuis la fin de la crise, les avoirs de clientèle gérés par les hedge funds ont augmenté d'un tiers, pour atteindre 2900 milliards de dollars à fin 2015, selon le

LES NOUVELLES BANQUES D'AFFAIRES ? CE SONT LES HEDGE FUNDS

HFR Global Hedge Fund Industry Report[1]. Si l'on y ajoute l'effet de levier utilisé par ces fonds, on se rend compte de leur force de frappe réelle : en admettant, par exemple, qu'ils investissent en moyenne 1 dollar et empruntent 9 dollars (à leur courtier ou à leur banque), soit un levier assez typique de 1:10, cela voudrait dire qu'ils déploient en réalité 30 000 milliards d'exposition (ou de perte potentielle) sur les marchés, c'est-à-dire dix fois le montant de 3000 milliards qu'ils gèrent.

L'influence sur les marchés des actions et des obligations se mesure à la capacité de « bouger les marchés », d'être un *market mover*. Les hedge funds le sont clairement. Selon des estimations récentes, les fonds spéculatifs représentent 15 % de toutes les transactions effectuées sur la bourse NYSE Euronext et sur le London Stock Exchange. Sur les marchés de la dette, ils représentent souvent plus de 50 % de toutes les transactions. Sur le marché de la dette d'entreprises défaillantes ou *distressed*, ils peuvent représenter jusqu'à 90 % du trading, et pèsent 25 % du négoce de la dette *high yield*. Dans le trading des dérivés de crédit, ils pèsent 55 % de l'ensemble des volumes de trading. Enfin, leur part s'élève à 20 % sur le marché des bons du Trésor américain[2], ce qui signifie qu'ils sont à l'origine du cinquième des volumes de négoce sur ce marché.

Leur activité, comme celle de tous les gros acteurs du négoce boursier, a largement contribué à fournir de la liquidité aux investisseurs (en offrant un marché acheteur aux investisseurs qui souhaitent vendre), mais aussi à

---

[1] https://www.hedgefundresearch.com/pdf/pr_20160120.pdf

[2] *Investment Banks, Hedge Funds, and Private Equity*, David Stowell, Elsevier, 2013.

accroître la prise de risque sur les segments de dettes les plus spéculatifs.

Depuis 2008, ces acteurs, ainsi que leurs cousins, les fonds de private equity et d'autres types de fonds aux stratégies peu transparentes, forment une constellation financière qui défie désormais le système bancaire. Ces banques de l'ombre, comme nous les avons définies précédemment, sont ces intermédiaires qui prêtent aux entreprises en souscrivant à leur dette risquée, ou qui vendent aux investisseurs des produits de taux fixes risqués, ou qui entrent dans le capital de prêteurs alternatifs (agences de leasing ou d'hypothèques, par exemple), ou qui octroient des prêts dans l'immobilier commercial, tout cela sans devoir, comme les banques, se doter de fonds propres réglementaires ou de réserves d'urgence pour se renflouer en cas de pertes ou pour rembourser leurs clients.

Pour être exact, les hedge funds, comme les autres fonds d'investissement cités dans ce livre, ne prétendent pas être des banques. Ils n'acceptent pas de dépôts de clientèle. Ce sont des gérants d'actifs de clientèle. Mais l'importance des montants investis dans leurs produits et leurs stratégies, en particulier obligataires, expose au risque de défaut potentiel leurs investisseurs (clients privés, fonds de pension, universités, compagnies d'assurances, etc.), ainsi qu'une partie du système financier. Le fait qu'ils soient peu réglementés tranche avec l'importance des risques pris.

Souvent, les porte-parole de l'industrie des hedge funds affirment que, contrairement aux banques, les hedge funds ne bénéficient pas de garanties explicites ou implicites de l'État ; en réalité, lors de la crise de 2008, la Fed a révélé qu'elle avait prêté des lignes de crédit aux hedge funds, au même titre qu'aux grandes banques. La finance de l'ombre peut donc aussi avoir besoin, et même davantage si elle est insuffisamment provisionnée, de recourir aux fonds publics en cas de crise.

En résumé, la finance non bancaire se fait de plus en plus bancaire lorsqu'il s'agit d'avoir les mêmes droits que les banques ; et elle se fait de moins en moins bancaire lorsqu'il s'agit d'avoir les mêmes obligations que les banques. C'est la stratégie classique de privatisation des profits, et de collectivisation des pertes.

Aux origines des hedge funds, on trouve les légendes de flamboyants pionniers de la spéculation boursière, tels que Michael Steinhardt, George Soros («l'homme qui fit sauter la banque d'Angleterre»), ou encore le sulfureux mais ingénieux Mike Milken (l'inventeur des junk bonds). Ces aventuriers de la finance pouvaient gagner en quelques jours ou semaines 50% sur leurs paris, et perdre aussi vite le même pourcentage. À la tête de la firme qui porte son nom, Michael Steinhardt a réalisé un gain annuel moyen de 24% entre 1967 et 1995, soit plus du double de l'indice S&P* sur cette période de vingt-huit ans. L'audace, la prise de risque supérieure, mais aussi le recours à des informations d'initiés ont souvent constitué les recettes du succès de nombre de ces vedettes. Par la suite, l'essor des banques d'affaires américaines, britanniques, suisses, allemandes et françaises a fortement concurrencé ces traders de la première heure.

Dès lors, c'est au sortir de la crise de 2008 que les hedge funds ont vraiment repris le flambeau des banques dans diverses opérations de financement et d'investissement. «Wall Street» n'est alors plus que l'ombre d'elle-même : en perdant trois de ses cinq fleurons historiques, le secteur phare de la banque d'affaires américaine subit une cure d'amaigrissement radicale. Seules Goldman

Sachs et Morgan Stanley le représentent alors, même si Bank of America et JP Morgan Chase finissent par renaître de leurs cendres après avoir avalé respectivement Merrill Lynch et Bear Stearns. Le modèle de banque d'affaires ne ressuscitera pas complètement, en réalité. En effet, depuis les débâcles chiffrées à plusieurs dizaines de milliards de Citigroup, d'UBS, de Merrill Lynch, d'AIG, sans compter la faillite de Lehman Brothers, les activités de courtage bancaire ont été soumises à une réglementation stricte, et les exigences de capital ont considérablement augmenté, refrénant justement l'activité de crédit (aux entreprises, à la consommation, immobilier, etc.), au moment même où, depuis 2009, les taux 0% auraient permis aux banques de faire des affaires monumentales en spéculant davantage sur ce méga-cycle de crédit.

Les banques étant bridées, qu'est devenue la culture de Wall Street, celle du trading et de l'industrialisation massive des produits basés sur le crédit ? La culture de Wall Street a survécu. Mais pas dans les banques. Chez les hedge funds, entre autres. Un transfert d'activité important s'est opéré dans l'après-crise. D'anciens banquiers sont allés fonder leur hedge fund, avec le soutien de gros investisseurs, contents de les voir sortir des sphères aseptisées de la réglementation bancaire.

Goldman Sachs, Merrill Lynch, Bear Stearns, Credit Suisse First Boston et Lehman Brothers avaient la réputation de générer les traders d'élite de Wall Street, les plus experts et les mieux payés. Un bon trader qui avait dix ans d'expérience était forcément passé par l'une de ces banques. Elles ont opéré comme de véritables pépinières de super-traders, à l'instar de leur ancêtre Salomon Brothers, absorbée en 1998 par Citigroup.

LES NOUVELLES BANQUES D'AFFAIRES ? CE SONT LES HEDGE FUNDS

Aujourd'hui, ce sont les fonds alternatifs, ces structures d'investissement restées opaques et peu réglementées, qui occupent cette position. Ce sont les plus actifs sur les marchés du crédit. Des fonds comme Soros Fund Management, Brigade Capital, Greenlight Capital, SAC Capital Management, Tudor Investment, Moore Capital, GLG Partners, ou Caxton Associates font partie de ces viviers de super-traders qui ont créé, entre Londres et New York, la « nouvelle Wall Street ». D'une culture axée sur les actions dans les années 1990, ils ont dérivé vers une culture résolument orientée sur la dette avec les années 2000 et leurs taux d'intérêt bas.

Tandis que les banques de Wall Street, de Londres, de Paris et de Francfort doivent reconstituer des fonds propres pour couvrir leurs risques de trading et de crédit, et qu'elles ne peuvent spéculer dans de larges proportions pour leur propre compte, les hedge funds, qui n'ont pas ces contraintes de capital et de risque, sont sortis gagnants de la crise. En 2008-2009, les firmes de gestion alternative n'ont jamais autant recruté, raflant des équipes entières aux banques d'affaires en déliquescence, tandis que de nouveaux hedge funds se créent tous les jours par des « ex-Morgan » ou « ex-Goldman » partis se mettre à leur compte.

En réalité, depuis l'essor fulgurant de l'industrie alternative dans les années 2000, la banque d'affaires classique est menacée. La tradition du trading est allée se nicher dans les hedge funds, qui ont arraché aux banques le leadership dans le négoce. En parallèle, il faut citer une autre tendance : une bonne partie de l'expertise sur les marchés des capitaux s'est aussi déplacée des banques vers les fonds de private equity (ou fonds de buyout), que nous explorons dans un chapitre spécifique, et qui ont pris le leadership des fusions et acquisitions, recalant les banques essentiellement au rôle de créanciers tout en empiétant sur leur rôle de conseillers. C'est ainsi que la Réserve fédérale, lors de sa recapitalisation de l'assureur AIG en 2008, a été conseillée par Blackstone. Ce géant du private equity s'est aussi retrouvé, durant la crise, comme acteur dans diverses opérations de restructuration de dette. Nombre de hedge funds sont aussi entrés en jeu pour racheter de la dette de mauvaise qualité, afin de parier sur des revalorisations d'actifs, tandis que les banques se débarrassaient à tour de bras de cette même dette défaillante.

Tout cela s'est produit parce que l'industrie alternative (hedge funds et fonds de private equity), peu réglementée et de culture fortement entrepreneuriale, a développé, depuis deux décennies, le modèle le plus compétitif d'incitation et de rémunération des gérants et des traders. Les alternatifs se sont mués en rivaux directs des salles des marchés des banques, au point de menacer le secteur du négoce bancaire. En effet, dès qu'un trader de banque devenait chevronné, il désertait le desk de la banque pour aller rejoindre un hedge fund. Un parcours devenu classique. Les banques ne pouvaient pas, pour autant, combattre frontalement les hedge funds: ce sont d'excellents clients de leurs services de *prime brokerage** (courtage, prêts de titres, financement d'opérations à effet de levier, back-office), pour lesquels les hedge funds paient aux banques des commissions parmi les plus juteuses. Mais il fallait, pour l'industrie bancaire, tout de même contre-attaquer: une déperdition de talents et de profits guettait sérieusement les banques d'affaires.

La solution: Citigroup, Merrill Lynch, UBS, Bear Stearns, Lehman Brothers ont, notamment, mis en place des pratiques similaires, en sophistication, à celles des hedge funds, mais en utilisant en plus leurs privilèges de banques. Cela leur a permis de spéculer à une échelle encore plus vaste, et avec des effets de levier dépassant ceux de leurs rivaux : les bilans des banques ont servi comme un gigantesque puits de financement, et ces sommes, une fois investies sur des marchés risqués, ont représenté un effet de levier de trente à soixante fois les fonds propres. À l'UBS, le trader vedette de l'époque, John Costas, l'avait dit en 2005 : il voulait faire du hedge fund interne de la banque, Dillon Read Capital Management, un équivalent du groupe Fortress Investment Group, ce gigantesque fonds de hedge funds et de private equity coté à New York. De tels projets ont provoqué la crise de 2008. À présent, le métier de banque d'affaires classique a, largement, migré chez les hedge funds, qui ont la flexibilité de mourir et de renaître au gré des cycles boursiers, mais qui semblent sortir de chaque cycle encore renforcés, avec plus d'avoirs de clientèle à gérer.

L'adaptation à chaque environnement boursier et la création permanente de nouveaux fonds alternatifs est possible car ces structures, ou du moins les plus inventives d'entre elles, sont nettement plus légères que les banques, conçues pour mieux s'adapter à la volatilité boursière. Leurs gérants sont directement intéressés financièrement aux gains ou aux pertes du fonds. Et ils ne mettent pas en jeu des dizaines de milliers d'emplois et d'actionnaires. Leur flexibilité supérieure n'est donc plus à démontrer. Actuellement, ce sont les fonds d'investissement qui ont pris le relais des banques comme fournisseurs de financement et de crédit aux entreprises. Les hedge funds, fonds de private equity, fonds de gestion d'actifs comme Citadel, Blackrock, Farallon Capital, Cerberus, mais aussi le groupe Carlyle brassent chacun des dizaines de milliards de dollars, financent des opérations, investissent et gèrent pour leur clientèle, et prennent des participations dans des entreprises.

Les gérants de fonds canadiens entrent aussi dans la danse et rejoignent les banques de l'ombre américaines. Le cinquième plus gros fonds de pension du Canada – Public Sector Pension Investment Board – a annoncé cette année qu'il comptait se lancer dans l'activité de prêt aux entreprises, à partir de New York. Avant lui, un autre fonds de pension, Canada Pension Plan Investment Board, avait racheté pour 12 milliards de dollars l'activité de crédit aux petites entreprises de General Electric. L'activité consiste à aider les fonds de capital-investissement à financer avec de la dette leurs opérations de rachats d'entreprises. Les institutions canadiennes, qui ne sont pas sujettes à la réglementation américaine, s'engouffrent donc à leur tour dans le secteur de la dette risquée (c'est-à-dire la dette de mauvaise qualité qui rapporte plus que les placements moins risqués), en espérant en tirer des rendements plus élevés que les taux d'intérêt anémiques versés sur les placements traditionnels sans risques (obligations d'État).

Les affaires s'échappent ainsi des banques, que les autorités de surveillance empêchent de prêter à l'excès aux entreprises, afin d'éviter une bulle de crédit qui nuirait au final à l'économie américaine.

En clair, dès que des contraintes réglementaires limitent l'expansion d'un marché, les opportunités s'ouvrent ailleurs, en dehors du périmètre réglementé.

Les fonds canadiens viennent ainsi s'ajouter à une série d'acteurs non bancaires qui cherchent à profiter du crédit à haut rendement, dans un contexte où les banques centrales ont réduit à zéro le coût du crédit.

La plus grande firme de private equity du Canada, Onex Corp., s'est également engagée de manière agressive dans la vente de dette titrisée sur le marché américain.

La quête de rendement et l'appétit au risque sont omniprésents. C'est, comme expliqué plus haut, la conséquence directe des politiques monétaires des principales banques centrales. En effet, tout comme les taux d'intérêt américain et européen sont proches de zéro, le taux de la banque centrale du Canada est actuellement à 0,5%. Dès lors, alors que les obligations du gouvernement canadien ne rapportent pas plus de 1,2% par année pour les emprunts à dix ans et 0,8% pour les emprunts à cinq ans, les prêts à effet de levier consentis par les institutions canadiennes aux entreprises américaines (ou *leveraged loans*) leur rapportent entre 5% et 6% par année pour les prêts de taille moyenne, selon Standard & Poor's.

Pour la plupart des caisses de pension de par le monde, y compris en Suisse, détenir des obligations d'État ne rapporte pas suffisamment de rendement pour pouvoir garantir à long terme les engagements envers les assurés. En effet, depuis que la Banque nationale suisse a instauré des taux d'intérêts négatifs, avec une marge de −1,25% à −0,25% pour le taux à trois mois, les obligations d'État helvétiques à dix ans ont vu leur rendement plonger. Début mars 2016, il se situait à −0,44%[3].

Nous abordons également cet aspect dans le chapitre consacré aux taux d'intérêt négatifs.

Pour les hedge funds, les fonds de private equity, et les institutions de prévoyance, s'exposer à ce type de dette n'est pas, a priori, très risqué. En général, leurs

---

[3] https://www.snb.ch/fr/iabout/stat/statpub/zidea/id/current_interest_exchange_rates

portefeuilles de prêts sont très largement répartis sur un grand nombre d'entreprises débitrices.

Mais lorsque ce type de prêts était exclusivement entre les mains des banques, des mesures prudentielles strictes permettaient de couvrir le risque de crédit. Or quand ce sont des fonds et des gérants institutionnels qui prêtent de l'argent, la supervision n'est plus la même, et les politiques de couverture de fonds propres en cas de pertes sur crédits n'existent plus. Les investisseurs, auxquels ces institutions vendent les placements en titres à taux fixes, sont ceux qui portent, au final, l'entier des risques.

L'absence de gestion des risques ou de couverture adéquate en capital chez ces acteurs n'est pas sanctionnée tant que les taux d'intérêt restent bas. Car dans un tel contexte, la différence devient minime entre les bons et les mauvais débiteurs, et la prise de risque est rémunérée plutôt que d'être sanctionnée. À l'instant où les taux d'intérêt remontent, les taux de défaut et l'insolvabilité des débiteurs augmenteraient très rapidement, et le véritable risque de ces placements serait dévoilé. Comme il apparaîtra clairement tout au long de ce livre, la solvabilité de l'industrie massive de l'investissement dans la dette d'entreprise – de qualités de crédit variables – tient exclusivement à la condition que les taux d'intérêt ne remontent pas.

LES GÉRANTS DE FONDS, PLUS RISQUÉS QUE LES BANQUES ?

Elles s'appellent BlackRock, Fidelity, Vanguard, Pimco, State Street, Prudential Financial, Franklin Templeton, Amundi, Guggenheim Partners ou Northern Trust. Ces firmes sont des *asset managers* (gérants de fonds privés et institutionnels), aussi puissants que les banques, sauf que ce ne sont pas des banques. Ce sont les usines qui fabriquent les fonds de placement*, le produit le plus courant que l'on trouve dans l'univers de l'investissement. Les banques aussi sont de très gros distributeurs de fonds de placement, mais les acteurs non bancaires tels que les firmes d'asset management décrites dans ce paragraphe sont les plus gros acteurs sur le marché des fonds. Elles gèrent quelque 87 000 milliards de dollars. L'un des géants du secteur, BlackRock gère 4600 milliards de dollars de fonds de placement, soit davantage que la taille du bilan de n'importe quelle banque.

L'avantage de ces firmes est qu'elles ne sont pas sujettes à toutes les contraintes du secteur bancaire, telles que Bâle III, le Dodd-Frank Act et la règle de Volker, le ratio structurel de liquidité à long terme, le ratio de levier supplémentaire, Mifid II, ou Emir. Toutes ces contraintes représentent en tout quelque 14 000 règles qui s'attaquent globalement aux risques des banques.

Mais cette frénésie réglementaire ne protège pas la finance. Si les banques semblent sous contrôle avec cette pléthore de règles imposant davantage de capital au bilan et un coussin de liquidité afin de faire face à un besoin de capital à court terme, l'essentiel est ailleurs, comme nous l'avons vu dans les pages consacrées à la description générale du shadow banking et à l'industrie des hedge funds. En effet, certains des acteurs que nous avons énumérés dans la section précédente évoluent presque entièrement dans la finance de l'ombre, à l'instar des hedge funds. D'autres, comme les asset managers, évoluent dans la lumière, à savoir que leurs stratégies de placement sont plus transparentes que celles des hedge funds, mais ils se sont lancés, eux aussi, dans l'activité risquée qu'est l'intermédiation de crédit. En d'autres termes, ils prêtent de l'argent aux entreprises. Ces dernières préfèrent en effet largement, en Europe comme aux États-Unis, recourir à l'emprunt obligataire plutôt qu'au prêt bancaire. Et c'est là que les asset managers, comme d'autres intermédiaires, entrent en scène. Ils octroient également des prêts directs. Venant combler le vide laissé sur le marché du crédit par des banques qui trouvent l'activité de crédit trop coûteuse en capital, ces gérants de fonds prêtent de l'argent directement aux entreprises. Les bras financiers de compagnies d'assurances font de même. Des groupes comme M&G, Legal & General et BlueBay octroient de plus en plus souvent des lignes de crédit aux entreprises. BlackRock, Schroders et Allianz Global offrent des prêts immobiliers et d'infrastructure, tout comme l'assureur Axa. Ce sont, surtout, de gros acheteurs d'obligations d'entreprises, qu'ils vendent à leurs investisseurs et à leurs assurés, ce qui fait de ces asset managers et de ces assureurs les intermédiaires ou les créanciers d'un nombre toujours plus important d'entreprises.

En outre, ces acteurs traitent sur les bourses officielles, mais travaillent quotidiennement avec des marchés peu ou pas régulés : il peut arriver que la liquidité réelle des actifs dans lesquels investissent les fonds ne soit pas en adéquation avec les conditions de remboursement qu'ils promettent aux clients, si ces derniers souhaitent vendre leur part. L'usage d'effet de levier par les fonds est un autre souci des régulateurs, ainsi que les activités de prêts de titres auxquelles se livrent fréquemment les asset managers.

Souvent, les produits créés par l'asset management sont titrisés. Typiquement, un paquet de crédits de qualités variables est vendu aux investisseurs comme un titre unique, ce qui peut rendre plus liquides des actifs sous-jacents peu ou pas liquides. En d'autre termes, les crédits individuels seraient bien plus difficilement échangeables sur le marché que lorsqu'ils sont mélangés à d'autres crédits. L'investisseur a l'impression de prendre moins de risque lorsqu'il investit dans un mix de dettes, et le titre devient donc plus aisément échangeable.

Les gérants de fonds se financent à court terme pour créer des produits à long terme, font usage de variantes synthétiques des produits (c'est-à-dire des clones qui sont créés par des algorithmes pour répliquer des produits qui ont des sous-jacents réels, notamment dans le domaine des trackers indiciels ou ETF, que nous évoquons plus loin).

La prochaine crise pourrait bien partir d'un problème de liquidité. Les gestionnaires de fonds ont déjà déstabilisé le système. La faillite du fonds spéculatif *Long Term Capital Management (LTCM)* en 1998 a marqué les esprits : les intelligences les plus pointues de Wall Street ont en effet signé la plus grosse faillite d'un fonds et mis le système à genoux. Puis la banque d'affaires Bear Stearns est partie en faillite en raison de deux de ses fonds spéculatifs qui sombrent en 2008. Début 2014, le Conseil de stabilité financière (CSF) publie un papier où il s'interroge si les firmes de gestion de fonds ne doivent pas être déclarées « trop grandes pour faire faillite » ou « institutions financières d'importance systémique ». Cela démontre le risque qu'ils peuvent représenter. Mais être « trop grand pour faire faillite » a de vastes conséquences. Ces acteurs devraient alors couvrir leurs risques de marché et pouvoir en théorie se recapitaliser en cas de pertes. Mais s'ils s'avèrent insuffisamment capitalisés, comme les banques en 2007-2008, les États se retrouveraient garants de ces acteurs, sans avoir les moyens réels de les sauver. Le minimum que le contribuable pourrait exiger serait donc qu'ils soient réglementés plus strictement, s'ils devaient bénéficier d'une telle garantie.

L'industrie des fonds se bat pour éviter de devoir ajouter plus de capital et de liquidité dans ses bilans. Elle affirme se distinguer des banques, car elle travaille avec l'argent des clients et n'a pas d'activité de crédit. Mais ses acteurs sont clairement devenus des intermédiaires en crédit. L'asset management est en train de créer la nouvelle banque d'investissement, dans un espace moins réglementé.

Clairement, les réglementations bancaires actuelles n'ont fait que chasser nombre d'activités hors du cadre des banques, et le risque du système financier se trouve dès lors largement ailleurs. Les ratios de capital et de liquidité imposés aux banques offrent certes une sécurité non négligeable, mais ils ne garantissent pas la stabilité du système en raison de tout ce qui leur échappe. Jadis, il était possible de surveiller l'ensemble des marchés du crédit en supervisant les banques de dépôt. Aujourd'hui, ces établissements ne représentent pas plus de 20% des marchés du crédit. « On peut légitimement s'interroger si ces filets de sécurité que nous avons mis autour des banques de dépôt ne représentent pas une ligne Maginot financière, qui nous confère un faux sentiment de sécurité », a estimé mi-2014 Richard Fisher, président de la Réserve fédérale de Dallas.

Étudions à présent comment les acteurs de l'asset management, les hedge funds, les banques, et l'ensemble du système finance à très court terme une partie de ses activités, ajoutant du levier et par conséquent du risque.

LE FINANCEMENT À COURT TERME *(REPO)* EST SYSTÉ-MIQUE

Les grandes banques et les gros fonds utilisent quotidiennement le marché du *repo* ou, *repurchase agreement*, pour se financer à court terme moyennant une garantie (collatéral[1]) sous forme de titres. Autrement dit, le marché repo permet à des firmes d'investissement de nantir des titres financiers comme collatéral (ou garantie) en échange de prêts très bon marché de courte durée. Lors de la clôture du contrat repo, par exemple 26 jours plus tard (médiane à 66 jours, maximum de 78 jours), l'emprunteur rembourse le prêt et récupère son collatéral. Plus les arrangements repo d'une entreprise sont courts, plus rapidement ils deviennent exigibles.

Marché non régulé, le crédit repo se développe rapidement dans les années 1970. Il est pratique et peu cher. Les banques utilisent des titres sûrs détenus en portefeuille

---

[1] On appelle « collatéral » (en anglais *collateral*) l'ensemble des actifs, titres ou liquidités, remis en garantie par la contrepartie débitrice à la contrepartie créditrice afin de couvrir le risque de crédit résultant des transactions financières négociées entre deux parties. En cas de défaillance du débiteur, le créditeur a le droit de conserver les actifs remis en collatéral afin de se dédommager de la perte financière subie. Source : http://www.fimarkets.com/pages/collateral.php

ou dans leur capital comme collatéral contre de l'argent emprunté sur le marché repo, qu'elles investissent. Elles empruntent contre la presque-totalité des titres qu'elles déposent comme collatéral, moins un *hair cut**, soit une petite déduction lors du rachat, qui correspond au taux payé aux prêteurs. Ces transactions sont refinancées en permanence et le roulement devient presque constant. Ces emprunts repo permettent de rechercher des actifs à rendements plus élevés et de les financer à très bon marché. Une petite différence entre le coût du repo et l'actif suffit à générer des profits. Le marché des repo, mais aussi celui des papiers commerciaux *(commercial papers)*, qui sont les principales sources de financement des fonds du marché monétaire, représentent une dette à court terme hautement volatile. Ce type de dette a été massivement utilisé dans les années 2000 pour acheter des produits toxiques et permettre aux banques d'utiliser l'effet de levier à outrance, c'est-à-dire d'investir de l'argent emprunté à bon marché pour faire des gains sur des marchés à rendements plus élevés comme les hypothèques subprime. Au pic de la bulle de 2003-2007, il y avait plus de levier journalier que de levier à moyen et à long terme dans le système.

Dans les années 1980, le marché des repo se complexifie et devient tripartite : une banque s'occupe de la compensation entre les emprunteurs et les prêteurs. C'est comme en bourse : la banque ne délivre le titre que lorsque l'argent est là et le prêteur ne paie que si le collatéral est vraiment disponible. Les titres sont bloqués dans un compte de séquestre jusqu'à la fin de la transaction. En 2007-2008, les banques d'investissement useront et abuseront des emprunts repo pour acheter des titres immobiliers avec effet de levier.

LE FINANCEMENT À COURT TERME *(REPO)* EST SYSTÉMIQUE

Aujourd'hui, le marché repo est estimé à 10 000 milliards de dollars pour les États-Unis et l'Europe. Il n'est toujours pas réglementé. Tous les jours, des banques y empruntent des liquidités à très bon marché en échange d'une garantie. Parfois, un collatéral est utilisé plusieurs fois pour différentes transactions, ce qui, à l'évidence, augmente le risque. Dans un communiqué de 2014, la Federal Reserve Bank of New York affirmait qu'en cas de ventes forcées de collatéral lors de défauts des opérateurs, il y a toujours le risque de « répandre l'instabilité à travers le système financier en provoquant un effet domino de dénouement de positions, qui irait au-delà du marché repo. »

Une vingtaine de faiseurs de marché, composés des plus grandes banques de courtage mondiales, animent le marché repo. La Fed les alimente en liquidités contre collatéral, puis ces dix-huit banques, que nous énumérons plus loin, prêtent à leur tour sur le marché repo contre collatéral. Il existe plusieurs taux sur le collatéral *(general collateral rate)* pratiqués par les banques et les fonds du marché monétaire, mais un taux de référence est fourni par les principaux acteurs. Les hedge funds et quelques institutionnels se fournissent aussi en liquidités auprès de ces courtiers et sont de gros pourvoyeurs de collatéral.

En raison du manque de transparence qui le caractérise, le marché repo fait partie de la finance de l'ombre, non régulée et peu transparente. Une zone obscure dépendante, aux États-Unis, de la Fed. Un marché ultra-contagieux en cas de problèmes. Une onde de choc surprise peut partir de ces eaux troubles et déclencher la prochaine crise en vingt-quatre heures.

Le marché du repo est aussi une machine à créer des marges juteuses. Ses opérations à très court terme produisent un flux constant de petites marges successives pour les banques, qui se transforment en fleuves à la fin de l'année. L'industrie financière y emprunte à bon marché pour financer une multitude de produits d'investissement utilisés dans la gestion de fonds (asset management). La plupart de ces produits, qui sont placés chez les investisseurs, sont hors des bilans des banques et des asset managers, sauf pour les montants nets des produits et de leur financement. Il est donc difficile de connaître l'exposition et le risque des firmes qui se financent avec le marché repo.

L'engouement pour le marché repo est logique : avec des taux d'intérêt très bas, la recherche de crédit s'oriente vers le très court terme car il offre les taux les plus avantageux, tout comme les taux hypothécaires variables sont plus avantageux que les emprunts à dix ans en période de taux d'intérêt très bas. Seuls les gros acteurs institutionnels comme les fonds spéculatifs, les banques, les courtiers peuvent accéder au marché repo. Et le jeu généralisé qui consiste à s'endetter à quelques jours ou mois, pour investir sur quelques années, est devenu le b.a.-ba du monde de l'investissement. Mais en réalité, les taux d'intérêt très bas ne modifient pas seulement le comportement des courtiers, des banques et des fonds spéculatifs. Les consommateurs également se mettent à emprunter davantage : même en Suisse, les taux du crédit à la consommation, du leasing, et des cartes de crédit vont baisser en 2016, et une part plus grande des dépenses de consommation est appelée à reposer sur de l'emprunt, tant que le paradigme des taux 0%, voire négatifs, se maintient.

Ce type de financement devient donc essentiel au fonctionnement des établissements bancaires et autres acteurs de la finance, mais il est aussi très risqué : en cas

LE FINANCEMENT À COURT TERME *(REPO)* EST SYSTÉMIQUE

de crise de liquidités, toute la tuyauterie des liquidités à court terme serait grippée. Il suffit que les garanties offertes en échange de ces prêts portent sur des actifs qui se détériorent brusquement, et c'est le gel du marché. Le risque est d'autant plus systémique que le marché repo est central. Une part très importante des opérations bancaires et d'investissement dépend, pour son fonctionnement quotidien, de cette finance à court terme, et des acteurs peu régulés ont abondamment recours à ces modes de financement que sont le repo ou les fonds du marché monétaire, déjà évoqués (placements en dette très liquides et à très court terme, équivalents au cash).

Actuellement, il est évident que trop de dette à court terme finance trop d'actifs à long terme. Les régulateurs tolèrent un jeu en réalité peu recommandé aux étudiants en finance. Le marché repo présente bel et bien un risque systémique. Si les taux courts devaient monter en flèche comme en 2008, et devenaient plus élevés que les taux d'intérêt à cinq et dix ans, il deviendrait soudain impossible de refinancer les positions à échéance à de telles conditions, et il n'y aurait plus de crédit court terme, tandis que le crédit long terme serait hors de prix. Les banques centrales devraient alors, une fois de plus, prendre la relève du financement pour éviter un gel total du marché et une panique globale.

De gros investisseurs qui dominent les volumes sur les marchés, comme les hedge funds, les fonds de placement et les fonds immobiliers* (*Real Estate Investment Trusts*, ou REIT) sont aussi actifs que les banques. Ces acteurs qui restent à ce jour très peu régulés utilisent une part élevée d'argent emprunté à court terme et de levier pour prendre des positions plus importantes en bourse. La prise de risque n'est pas sanctionnée tant que le marché reste stable. Les

REIT ont par exemple augmenté leurs emprunts sous forme repo à 281 milliards en 2014, contre 90,4 milliards en 2009. Ces fonds placent en garantie des biens immobiliers, créant un vaste marché du collatéral immobilier. Ainsi, le sauvetage de l'immobilier américain depuis 2009 s'est fait en bonne partie à travers son financement à court terme à taux très bas, sur le marché repo. Des garanties immobilières apportées comme collatéral pour du financement court terme? Exact, l'immobilier aux États-Unis se finance à vingt-huit jours! Les mécanismes de financement immobilier auraient dû être revus et restreints depuis 2008. Au contraire, ils ont été amplifiés à travers leur intégration encore plus poussée dans le marché court terme.

Actuellement, les régulateurs prévoient d'imposer des restrictions plus fortes sur la qualité et la nature du collatéral apporté pour le financement à court terme. Clairement, il y a eu des excès dans la finance à court terme collatéralisée. Le but du collatéral est d'absorber les chocs en cas de problèmes, de couvrir le risque de crédit et de maintenir une liquidité élevée. Mais en réalité, le collatéral, qu'il soit sous forme d'actifs immobiliers ou de titres, amplifie les risques lors des crises.

Le rapport de la Commission d'enquête sur la crise financière de 2007-2009 a mis en évidence les risques de collatéral. La Fed de San Francisco a publié le 14 juillet 2014 une étude[2] qui résume le problème. Elle s'appuie sur les travaux de l'économiste Darell Duffie[3], qui décrit comment les grandes banques font faillite.

---

[2] http://www.frbsf.org/economic-research/publications/economic-letter/2014/july/bank-counterparty-collateral – bhc-risk/

[3] *How Big Banks Fail and What to do about It*, Darell Duffie, Princeton, NJ: Princeton University Press, 2011.

LE FINANCEMENT À COURT TERME *(REPO)* EST SYSTÉMIQUE

La crise de 2007-2009 a en effet démontré un risque de contrepartie accru. Les banques « trop grandes pour faire faillite » sont liées par les transactions de gré à gré (OTC) et les contrats repo des marchés financiers. Ces transactions reposent sur du collatéral, dont la valeur peut varier très rapidement en fonction des conditions du marché et du risque de contrepartie. Lors des crises, un portefeuille collatéralisé peut perdre de la valeur ; un appel de marge s'ensuit : il faut augmenter la couverture pour compenser la baisse du portefeuille ; mais le collatéral peut aussi perdre de la valeur et il devient difficile de compenser la perte du portefeuille et du collatéral en même temps. C'est ainsi que la spirale des pertes s'enclenche.

On peut identifier trois risques de crédit liés à des emprunts collatéralisés :

1. La baisse de valeur du prêt garanti nécessite plus de collatéral.
2. La baisse de qualité de la contrepartie nécessite plus de collatéral pour maintenir les transactions (cas Lehman Brothers).
3. La valeur du collatéral peut aussi baisser si l'évaluation du risque augmente. Dans ce cas aussi, l'apport de collatéral doit augmenter.

Le spectre des actifs acceptés comme collatéral dans le système financier tend à se restreindre depuis 2013, en raison des craintes suscitées par la sortie des politiques monétaires des banques centrales. À ce jour, les titres tels les bons du Trésor et les titres des agences semi-publiques Fannie Mae et Freddy Mac représentent jusqu'à 85 % du collatéral du marché journalier du repo. Si l'immobilier américain connaissait une nouvelle dégringolade, l'effet domino sur les marchés serait immédiat.

3. SCHÉMA DU MARCHÉ DES «REPO»

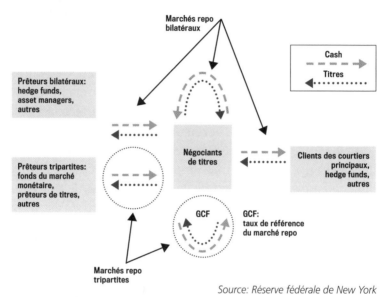

Source: Réserve fédérale de New York

LES *PRIMARY DEALERS*, OU SPÉCIALISTES EN VALEURS DU TRÉSOR

Les dix-huit primary dealers que nous évoquions plus haut, qui apportent la liquidité sur le marché repo, sont les banques au sommet de l'investment banking de la planète, soit les plus gros acteurs sur les marchés. Ces primary dealers chargés de gérer les ventes aux enchères de bons du Trésor américain ont un poids systémique sur la finance globale. Ces dealers connaissent l'encours* des actifs gagés sur les marchés du financement à court terme. Ils connaissent la vitesse de rotation du marché et donc le volume de financement court terme. Une source d'inspiration intarissable pour la spéculation pour compte propre et les duels entre traders.

Les dix-huit primary dealers, qui dominent la finance court terme, sont au centre du système financier. Le risque

LE FINANCEMENT À COURT TERME *(REPO)* EST SYSTÉMIQUE

de contrepartie est très concentré sur ces quelques institutions. Ces dix-huit institutions, qui ont le statut de primary dealers aux États-Unis, auxquels il faut ajouter leurs homologues européennes restantes qui ne sont pas déjà nommées ici, concentrent pratiquement tout le risque systémique bancaire. Si une seule de ces contreparties est en difficultés, elle peut faire plonger tout le système :

1. Bank of America
2. Barclays Capital Inc.
3. BNP Securities Corp.
4. Cantor Fitzgerald & Co
5. Citigroup Global Markets Inc.
6. Credit Suisse Securities (USA) LLC
7. Daiwa Securities America Inc.
8. Deutsche Bank Securities Inc.
9. Goldman, Sachs & Co.
10. HSBC Securities (USA) Inc.
11. JP Morgan Securities Inc.
12. Jefferies & Company Inc.
13. Mizuho Securities USA Inc.
14. Morgan Stanley & Co. Incorporated
15. Nomura Securities International Inc.
16. RBC Capital Markets
17. RBS Securities Inc.
18. UBS Securities LLC

Les primary dealers peuvent acheter des bons du Trésor, puis les mettre en gage pour emprunter de l'argent sur ces actifs. Suivant le principe du système des réserves fractionnaires (dit de « couverture partielle »), ils peuvent prêter de l'argent sur la base de ces actifs. Ainsi, une puissante machine à créer de la dette additionnelle dans le système monétaire et à doper les affaires est laissée aux banques. Ces acteurs disposent donc d'une capacité de création monétaire supplémentaire à celle de la banque centrale. Les régulateurs peuvent difficilement mesurer cette masse monétaire à levier énorme qui se déploie à l'échelle de la planète. Les bons du Trésor ont triplé de volume depuis 2007, mais on ignore le volume exact du levier global et des produits dérivés émis sur ces bons. Les bons du Trésor sont l'actif qui contrôle le volume de liquidité en circulation dans l'économie globale aussi bien que le volume sur le marché de la dette à court terme.

Le marché repo offre aux bons du Trésor un financement bon marché, proche du taux de la banque centrale. Il est si bon marché que les grandes banques ont pris l'habitude de financer beaucoup trop d'actifs moyen terme voire long terme à vingt-huit jours en moyenne. En cas de crise, la contagion peut donc s'étendre en vingt-huit jours. Il est alors impossible de refinancer 100 milliards en vingt-huit jours surtout quand vos partenaires vous lâchent, comme dans le cas de Lehman Brothers.

COMMENT FONCTIONNE L'EFFET DE LEVIER ?

Le levier amplifie le gain ou la perte de l'investisseur ou de l'institution financière. Vous investissez, par exemple à 10% de rendement, une somme de 100 francs de votre propre argent. Le résultat est de 10 francs, puisque l'investissement ici est de 1x le capital, ou de 1:1. Mais si vous investissez avec un effet de levier, vous mettez 100 francs de votre propre argent et vous empruntez 900 francs à un taux de 2%. En additionnant vos fonds propres et votre dette, vous avez investi en tout 1000 francs, toujours à 10%. Ici, l'investissement est de dix fois le capital, soit 10:1. Le rendement est de 100 francs, moins les frais (900*2%) soit 82, donc vous avez gagné huit fois plus pour la même mise de départ. Le levier amplifie la

LE FINANCEMENT À COURT TERME *(REPO)* EST SYSTÉMIQUE

performance dans les deux sens : en cas de gain comme en cas de perte. D'où ses risques élevés. En cas de perte, on perd le capital, mais il faut en plus rembourser la dette qui est neuf fois plus élevée. La maturité du prêt a son importance : plus la maturité du prêt est courte et plus le risque est élevé. Si vous subissez une perte de 10 % et que le prêt est à vingt ans, la banque fera un appel de marge ou augmentera les taux sur vingt ans. Il est alors toujours possible de négocier le versement du montant de l'appel de marge sur une longue période. En revanche, il n'y a aucune marge de manœuvre pour un prêt « overnight », ou au jour le jour. Dans ce cas, la contagion se répand en une nuit !

À ce jour, l'effet de levier n'est pas réglementé. En Suisse, par exemple, les leviers qu'autorisent les courtiers à leurs clients relèvent de leur gestion des risques interne. Typiquement, pour les contrats à terme (ou *futures**) sur le Swiss Market Index, les investisseurs peuvent prendre un levier de dix fois. Les futures se traitent sur des marchés réglementés (Euronext, CME Globex, ou Nymex). Sur des marchés de gré à gré comme les devises, le levier standard atteint deux cents fois ou même quatre cents fois la mise de départ. Aux États-Unis et en Angleterre, les hedge funds sont maintenant soumis à l'obligation de collatéraliser leurs emprunts destinés à investir avec un effet de levier. Plus des deux tiers des hedge funds londoniens utilisent les *prime brokers* (négociants principaux) pour emprunter, et 40 % empruntent sur le marché repo. Fin 2014, les montants de levier bruts (exposition totale des positions acheteuses et vendeuses) atteignaient soixante-sept fois les actifs des hedge funds anglais, avec une forte concentration du levier chez les dix plus gros fonds.

LES *DARK POOLS* ÉCLIPSENT LES BOURSES

La bourse ? Ce n'est plus (seulement) là que ça se passe.

Nous évoquions en introduction l'essor d'un véritable marché noir des échanges boursiers : les dark pools. Un marché noir initialement admis et autorisé par les régulateurs entre 2005 et 2009, il faut le préciser.

Un dark pool est une place de marché privée où se rencontrent des participants (traders, courtiers, gérants) pour effectuer des transactions boursières (achat, vente) de titres (actions, obligations, dérivés) sans que ces échanges ne soient rendus publics. Ces transactions demeurent cachées des bourses officielles, jusqu'à leur exécution. De grandes banques d'investissement et de gros hedge funds figurent parmi les opérateurs de dark pools. Agir en secret leur permet, affirment-ils, de protéger leurs clients institutionnels, investisseurs de long terme, des incursions des traders à haute fréquence : par exemple, si un investisseur veut acheter 1 million d'actions Apple, et que cet ordre est rendu public, une plateforme de trading à haute fréquence peut le précéder en quelques millisecondes, et acheter avant lui. L'investisseur verra son ordre exécuté à un prix plus élevé, et aura perdu autant de potentiel haussier sur son titre. En réalité, pour satisfaire leurs clients institutionnels à la seconde près, les dark pools ont besoin... des traders à haute fréquence (plateformes de trading automatisées utilisant des ordinateurs très puissants pour effectuer des transactions à très haute vitesse). En effet, si le client institutionnel de la banque veut acheter 1000 actions Apple et être exécuté dans la seconde, quelles chances a le dark pool de cette banque de trouver, dans la même seconde, un vendeur de 1000 actions Apple ? En réalité, seuls les traders à haute fréquence auront la liquidité pour lui vendre ces titres instantanément. De fait, les dark pools des banques ont, depuis longtemps, intégré les traders algorithmiques dans leurs opérations.

Ce marché parallèle des dark pools n'est pas illégal, mais crée des soucis croissants pour les autorités d'Europe et des États-Unis. Celles-ci ont initialement souhaité permettre à plusieurs plateformes de trading d'opérer en concurrence avec les bourses traditionnelles afin de casser le monopole de ces dernières. Elles ont aussi permis que les transactions sur les dark pools restent confidentielles afin que, si elles portent sur de très gros blocs de titres, elles ne déstabilisent pas le reste du marché. Le but était donc d'éviter au marché de fortes volatilités en créant une chambre noire pour de grosses transactions secrètes.

Or actuellement, la majorité des transactions qui passent par les dark pools portent sur de petits montants, et visent simplement à contourner les bourses régulées, leur transparence, et leurs commissions de bourse plus élevées. Les dark pools ne sont pas ouverts au grand public, mais l'investisseur moyen peut y gagner un accès indirect s'il investit dans un fonds de placement ou à travers sa caisse de pension.

LES *DARK POOLS* ÉCLIPSENT LES BOURSES

Très vite donc, l'idée de ces nouvelles places d'échange s'est retournée contre ses supporters de la première heure – les régulateurs –, et elles échappent à présent largement à leur contrôle depuis leur essor en 2009.

Le dark pool fonctionne tout à fait comme les bourses traditionnelles, sauf que les commissions de bourse y sont moins chères que sur les bourses régulées et les ordres sont anonymes, car ils ne sont enregistrés nulle part jusqu'à ce qu'ils soient exécutés.

Ces bassins opaques sont actuellement très prisés, y compris par les courtiers de banques qui agissent habituellement sur les bourses régulées. C'est là l'effet pervers de la réglementation, qui s'est concentrée uniquement sur les plateformes boursières officielles, laissant d'autres structures d'intermédiation financière se développer dans l'ombre, et jetant par conséquent les poids lourds du trading dans les bras de ces places d'échange opaques.

Un peu comme les réglementations fiscales ont généré un monde parallèle de structures offshore opaques où les propriétaires de grands patrimoines placent leurs fortunes à l'abri des contraintes fiscales nationales, les bourses réglementées sont en train d'être désertées au profit de ces places de marché non conventionnelles, moins chères et secrètes. Des décennies de progrès en termes de gouvernance boursière et de gains de transparence ont ainsi été effacées en l'espace de huit ans.

La nébuleuse boursière non réglementée a ainsi pris de l'ampleur depuis la crise. Si l'on estime tous les titres – actions, obligations, dérivés – qui sont actuellement traités hors bourse officielle, la part des dark pools a connu une croissance phénoménale, à en croire une enquête de Reuters du 6 avril 2014. Sur l'ensemble des transactions sur actions qui se passent aux États-Unis, est-il écrit, 40% du nombre total des ordres se passent hors des bourses officielles, contre 16% en 2008, selon l'enquête de Reuters[4].

Mais en termes de volumes de trading, Rosenblatt Securities, une firme qui publie régulièrement un rapport sur la part de marché des dark pools, estimait en février 2016 qu'aux États-Unis, autour des 16-17% des volumes passent par les dark pools :

4. DES VOLUMES ACCRUS PASSENT PAR LES «DARK POOLS»
Part du marché des dark pools aux États-Unis

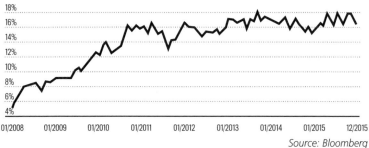

Source: Bloomberg

Une part de marché qui se serait maintenue et qui augmenterait, et ce, en dépit des amendes chez UBS et Investment Technology Group en 2015, puis chez Barclays et Credit Suisse qui, en février 2016, ont payé plus de 150 millions de dollars pour des irrégularités de leurs plateformes de dark pools. Ainsi, les enquêtes régulières des autorités de surveillance n'y font rien : malgré les cas de marketing trompeur et de conduite inappropriée vis-à-vis des clients, les dark pools se sont imposés comme incontournables pour permettre à de gros investisseurs de traiter anonymement de très importants blocs de titres, en privé et

---

[4] http://www.reuters.com/article/us-dark-markets-analysis-idUSBREA3508V20140406

à l'abri des regards, et sans influencer les prix sur les marchés réguliers.

En Europe, la part de marché des dark pools de Barclays, Credit Suisse, Société Générale, et Deutsche Bank, ou le pourcentage du volume total de transactions sur actions qui passe par leurs plateformes privées, n'aurait pas dépassé les 7% ces dernières années, et aurait même légèrement reculé en 2015, selon le rapport de Rosenblatt Securities de février 2016.

5. STATISTIQUES DES «DARK POOLS» POUR BARCLAYS, CREDIT SUISSE, DEUTSCHE BANK ET SOCIÉTÉ GÉNÉRALE
Pourcentage du trading qui s'effectue sur les dark pools en Europe

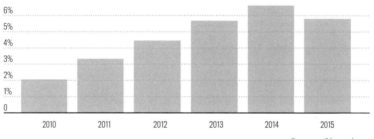

Source: Bloomberg

Mais cette statistique n'inclut que les plateformes de quatre banques. Selon les chiffres plus complets de la plateforme Chi-X Europe, la part des dark pools d'Europe a été en augmentation constante et s'établit autour des 7,5%:

Et selon les chiffres publiés par CNBC[5], le trading sur les dark pools en Europe était en nette hausse l'an dernier, augmentant de 45% en valeur et de 25% en volume entre décembre 2014 et décembre 2015. Aux États-Unis, le troisième trimestre 2015 a connu une hausse de 22% dans

---

[5] http://www.cnbc.com/2016/02/01/regulators-may-dislike-dark-pools-but-investors-love-them.html

le trading d'actions sur les dark pools par rapport au troisième trimestre 2014, selon l'autorité de surveillance américaine FINRA *(Financial Industry Regulatory Authority)*. (Au passage, on relèvera que ces organes de surveillance n'ont été d'aucune aide en 2007 pour prévenir la crise.)

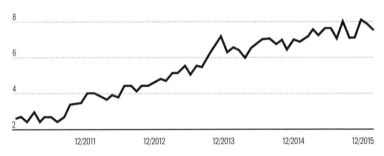

6. LES DARK POOLS D'EUROPE CONTRÔLENT PRÈS DE 8% DU MARCHÉ

Source: Bloomberg

Crossfinder, l'un des deux dark pools de Credit Suisse qui était dans le collimateur de la justice, reste l'un des plus utilisés, selon les données récentes de la FINRA. LX, le dark pool de Barclays également impliqué dans une conduite inappropriée vis-à-vis des investisseurs, est l'un des rares à ne pas avoir connu une forte croissance. Mais la plupart des quinze plus gros dark pools ont été en croissance durant l'année écoulée.

Cette progression constante s'explique par le fait que les courtiers traditionnels des banques ont aussi recours, fréquemment, aux dark pools. Un courtier qui veut exécuter les ordres de bourse de ses clients a en effet trois possibilités. Soit il passe par une bourse officielle et paie des commissions de bourse élevées à cette dernière, soit il passe par deux moyens plus informels et opaques: le dark pool, que nous avons défini plus haut, ou « l'internalisation ».

7. LA PLUPART DES «DARK POOLS» SONT EN FORTE CROISSANCE

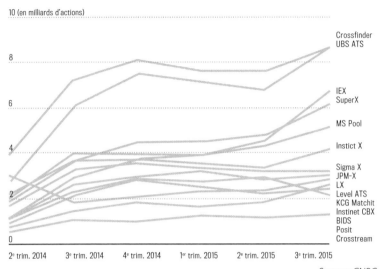

Source: CNBC

Cette dernière méthode, autorisée par une Directive européenne depuis 2007 et sujette à débat elle aussi, consiste pour certains desks de grandes banques à faire concorder les ordres acheteurs et vendeurs de leur propre portefeuille de clients, sans que ces ordres ne passent par une bourse réglementée ou un système multilatéral de négociation (les bourses électroniques qui, depuis 2007, concurrencent les bourses officielles) : dans ce cas aussi, les ordres ne sont enregistrés nulle part. L'enquête de Reuters cite, parmi les «internalisateurs» connus, les hedge funds KCG Holdings et Citadel, ainsi que les grandes banques Citigroup et UBS. Parmi les grandes banques qui opèrent des dark pools, on trouve UBS, Credit Suisse et Deutsche Bank. Des géants de la gestion d'actifs ont aussi créé *Luminex*, leur propre dark pool, il y a une année : Fidelity, BlackRock, State Street, et BNY Mellon.

Ainsi, un flux d'ordres de bourse grandissant passe par les dark pools et déserte les bourses «en pleine lumière».

LA FINANCE DE L'OMBRE A PRIS LE CONTRÔLE

Les opérateurs des principales bourses telles que le New York Stock Exchange, Intercontinental Exchange ou Nasdaq OMX, désespérés de retenir ces flux d'ordres, ont même autorisé les maisons de courtage à placer des ordres opaques sur leurs plateformes (qui ne sont divulgués qu'une fois exécutés).

8. LES PRINCIPAUX OPÉRATEURS DE DARK POOLS SONT DES BANQUES
Parts du marché des dark pools

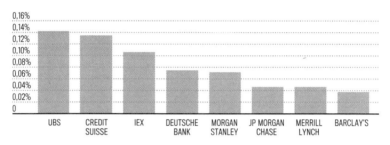

Source: Bloomberg

En Europe aussi, l'autorisation accordée par les régulateurs à la multiplication de plateformes de trading alternatives a fait boomerang. Bruxelles a en effet permis dès 2004 (directive MIF) aux grandes institutions de créer leurs propres plateformes d'échange d'actions. En 2007, la directive européenne MIF a été transposée en France, autorisant les banques d'affaires à créer leurs plateformes électroniques alternatives (SMN pour système multilatéral de négociation*) dans l'objectif au départ louable de casser le monopole et de faire baisser les frais de transaction.

Au final, ces plateformes ont développé des systèmes opaques et les bourses régulées, où le trading a le « défaut » de s'opérer en plein jour, sont devenues en quelque sorte la poche de liquidité de dernier ressort : on les garde comme porte de sortie en cas de panique. Dans l'intervalle, tant qu'on peut s'en passer, on s'en passe.

LES *DARK POOLS* ÉCLIPSENT LES BOURSES

Après tout, les régulateurs ont permis à une alternative aussi attrayante que les dark pools de coexister avec les bourses traditionnelles. Croyaient-ils vraiment que ces dernières allaient survivre à long terme ?

Selon Reuters, il existe aux États-Unis quelque quarante-cinq marchés noirs (dark pools), et quelque deux cents desks de courtiers « internalisateurs », qui concurrencent les treize bourses traditionnelles américaines.

L'effet sur la notion même de « marché » boursier, où se forment les prix en toute transparence, commence déjà à se faire sentir. Les courtiers, qui internalisent les transactions et offrent des dark pools, ne fournissent aucune donnée au marché public avant que la transaction ne soit exécutée. Sur une plateforme boursière classique, dès qu'un ordre est transmis, le prix de marché de ce titre est ajusté, et tous les opérateurs qui ont accès aux cours acheteur/vendeur (« bid/ask ») le voient. Certes, cet affichage, on l'admettra, revient un peu à jouer au poker en montrant ses cartes. Si de nombreux investisseurs veulent vendre une action, son cours affiché baisse ; si plusieurs ordres à l'achat sont générés, le prix affiché monte, de manière transparente. Les dark pools, eux, jouent au vrai poker : ils ne publient les prix qu'une fois la transaction terminée ; or cette information a alors perdu toute influence et ne sert plus aux investisseurs. Si l'essentiel des transactions se fait hors des bourses régulées, les plateformes publiques ne pourront plus offrir les prix de référence, contre lesquels se négocient les titres dans l'ombre. Des prix peu représentatifs de l'ensemble de l'offre et de la demande pourront être pratiqués sur les marchés privés. Une étude du CFA Institute fin 2013 a montré qu'une fois que plus de 50 % des transactions auront basculé sur les dark pools et chez les internalisateurs, le mécanisme de formation des cours des titres cotés en bourse sera compromis.

LA FINANCE DE L'OMBRE A PRIS LE CONTRÔLE

Au-delà du fait que les dark pools sont une manière pour les banques de faire exister une saine concurrence aux bourses traditionnelles, des voix critiques estiment que ces « bassins noirs » posent les mêmes dangers que le marché opaque de la dette titrisée sur l'immobilier subprime américain en 2002-2007. Ces titres aussi étaient négociés de gré à gré, c'est-à-dire hors bourse, et présentaient les mêmes travers : manque de transparence, réglementation insuffisante, et risque systémique posé à l'ensemble du système financier et à l'économie globale.

Tout aussi difficiles à surveiller sont les produits dérivés. Un univers aux volumes très importants, qui fut à l'origine de la crise des subprime. La plupart des dérivés se négocie comme sur les dark pools : en toute confidentialité entre les parties, de gré à gré, ou OTC. C'est l'objet du chapitre suivant.

LES DÉRIVÉS DE GRÉ À GRÉ, TOUJOURS OPAQUES

Un produit dérivé* est un contrat entre deux parties. Il sert de protection à la hausse ou à la baisse, ou à parier à la hausse ou à la baisse, sur les variations de prix d'un produit financier ou d'un actif réel* (action, obligation, devise, matière première), appelé le sous-jacent. On considère trois grandes catégories de produits dérivés : les futures, les options* et les swaps*. Ces trois types de contrats permettent de couvrir des risques de défaut ou de spéculer sur un grand nombre de sous-jacents comme les matières premières (céréales, viande, or, pétrole, etc.), les taux d'intérêt (le plus grand marché pour les dérivés), le forex (devises), les actions, la dette, ou n'importe quel actif. Les options sont les produits dérivés les plus standards. Par exemple, un investisseur peut acheter à la bourse suisse une option d'achat (ou call) sur l'action Nestlé. Ce contrat lui confère le droit (et non l'obligation) d'acquérir l'action Nestlé, qui est dans ce cas le « sous-jacent », à un prix fixé à l'avance (prix d'exercice, aussi appelé *strike*) et à une date déterminée appelée date de maturité du call.

Une option est un dérivé qui se traite sur les bourses officielles. Toutefois, un très large pan de l'univers des dérivés se traite hors bourse, ou *Over The Counter* (OTC). Le marché des dérivés OTC, où le négoce s'opère de gré à gré, est hors cote et ne se traite donc pas sur des bourses comme le New York Stock Exchange : ce sont les grandes banques et les grandes firmes de courtage qui agissent comme intermédiaires pour les clients, et ces derniers ne connaissent pas la contrepartie finale. Ce sont les intermédiaires qui fixent les prix, et non le marché. D'où l'opacité de ce secteur. Le client doit souvent comparer et chasser les offres. Il y a pour certains contrats très peu d'acteurs sur le marché. Il existe donc de multiples contrats de gré à gré et ceux-ci n'apparaissent pas dans les statistiques. Les dérivés OTC sont devenus le secteur le plus important de la finance. Prenons un exemple. Durant la crise grecque entre 2010 et 2012, certains fonds spéculatifs ont identifié les actions des banques européennes comme une cible de vente (car ces banques avaient prêté des fonds à la Grèce). Les spéculateurs ont alors utilisé un dérivé de crédit, le CDS *(Credit Default Swap)*, pour parier sur la baisse des actions des banques européennes. Les CDS sont un dérivé qui permet notamment de répliquer, ou simuler, une position de vente. Dès lors, les fonds ont accumulé massivement des positions vendeuses *(short)* sur les banques européennes à l'aide de CDS. Cet outil les dispense de devoir obtenir les titres physiques des banques pour ensuite les vendre. Dans le monde des dérivés, tout peut se faire par réplication synthétique, ce qui est plus rapide et moins coûteux. Les contreparties des vendeurs étaient des banques et des fonds qui faisaient le pari inverse (une hausse des actions des banques) et qui étaient donc d'accord de tenir l'autre bout du contrat (positions acheteuses). Sur le marché de gré à gré, les contrats se concluent en direct ou par téléphone. L'évaluation des dérivés OTC se base le plus souvent sur les données observables provenant de titres similaires cotés, ou sur le prix de transactions récentes pour des titres comparables. De par cette évolution du marché des dérivés vers la réplication synthétique des mouvements des titres sous-jacents, le volume des dérivés est devenu beaucoup plus important que celui des sous-jacents sur lesquels ils se basent. Autrement dit, de multiples paris se basent sur le même objet. L'avantage du dérivé est son coût, qui n'est qu'une fraction du prix du sous-jacent. Très souvent, les dérivés sont utilisés pour spéculer, avec peu d'argent mais avec du levier, et réaliser ainsi des profits démultipliés ; sans le levier, le gain est souvent infime et moins attrayant. Le problème du levier est qu'il n'est profitable que durant les phases haussières des marchés (sauf si l'on est positionné pour parier sur une baisse des marchés). Si les marchés baissent et que l'on avait misé avec du levier sur la hausse, les dérivés deviennent source de pertes démultipliées.

Aujourd'hui, les dérivés, emblématiques de la finance virtuelle, c'est-à-dire la plus déconnectée des actifs sous-jacents et tangibles, sont le plus gros marché financier. Les valeurs notionnelles des contrats de dérivés *over the counter* non régulés ont été multipliées par cinq cette dernière décennie selon les dernières données de la Banque des règlements internationaux (BRI), pour culminer à 700 000 milliards de dollars. Les dérivés sur taux d'intérêt représentent les deux tiers des contrats (valeur notionnelle). L'UBS et le Credit Suisse réunis sont les leaders européens du marché. Jusqu'en 2014 encore, à peine 25 % des produits dérivés traités *over the counter*, ou hors bourse (OTC), étaient réglementés. Les 75 % qui se négociaient de gré à gré n'apparaissaient pas au bilan des banques, sauf pour le revenu des commissions. Les dérivés ont connu un développement fulgurant, jusqu'à devenir des « armes de destruction massive », selon les termes de Warren Buffet en 2002. Cependant, qui détient vraiment ces instruments, quels sont les risques, où ces produits sont-ils parqués ? Ces produits se trouvent dans des systèmes informatiques sophistiqués, le véhicule censé les détenir est domicilié dans un paradis fiscal, alors que le sous-jacent se trouve sur un autre continent ! En bonne partie opaque, le marché des dérivés dits OTC fixe les prix par négociation directe entre acheteurs et vendeurs, en dehors d'une bourse régulée et transparente. Confirmant la prédiction de Warren Buffett, les dérivés de dette titrisée ont joué le rôle principal dans la crise des subprime. Ils étaient directement à l'origine de l'illiquidité qui a provoqué l'effondrement de valeur du marché des hypothèques titrisées. Ces produits ont en effet démontré qu'ils peuvent provoquer la faillite de grandes banques, à l'instar de Lehman Brothers en septembre 2008. Ou la nationalisation de banques comme la britannique Royal Bank of Scotland, ou encore l'intervention d'une banque centrale comme dans le cas d'UBS. Ce monde parallèle, aux risques non provisionnés et à la supervision faible, est plus important que le système bancaire réglementé. Depuis peu, les États-Unis et l'Europe ont décidé de s'attaquer à cette nébuleuse de titres basés sur des taux, des actions, des devises, ou du crédit. Au moment où les dark pools généralisent la pratique du trading opaque et de gré à gré, les marchés des dérivés OTC sont en passe, quant à eux, de devenir plus transparents. Cette fois, c'est en effet relativement concret : une part croissante de l'univers des dérivés s'apprête à être progressivement intégrée à des plateformes réglementées.

Les réglementations américaine et européenne (Dodd-Frank Act et EMIR) exigent que plusieurs catégories de ces dérivés, à commencer par les dérivés sur taux et les Credit Default Swaps (CDS), passent par des contreparties centrales (chambres de compensation). Le 21 juin 2016, avec l'entrée en vigueur des règles européennes, une bonne partie du marché cessera de s'échanger de gré à gré et sera sous l'obligation d'utiliser les chambres de compensation. Cela implique des exigences de liquidité, de capital et de collatéral, ainsi qu'un reporting centralisé. Ainsi, le risque systémique doit pouvoir être réduit : si une partie fait défaut, sa contrepartie recevra le collatéral revalorisé suite aux éventuels appels de marge.

Premier type de dérivés concernés, les dérivés de taux, qui représentent les trois quarts de l'univers total. Quant aux dérivés de crédit, ou *Credit Default Swaps*, responsables de la crise de 2008, un segment d'entre eux est également concerné par la nouvelle obligation (les dérivés sur indices en euro à cinq ans). À ce jour, moins de 30% des CDS passent par des chambres de compensation.

Les dérivés sur actions et sur devises échapperont cependant à l'obligation de compensation centrale.

Pour les dérivés qui seront régulés, les chambres de compensation serviront à comptabiliser les transactions, en les faisant sortir de l'ombre ; à connaître les contreparties, à contrôler le collatéral et les paiements des parties. Ces chambres permettront de dresser la carte des risques des dérivés (ou d'une partie d'entre eux) et peut-être d'obtenir des informations sur le financement repo du marché des dérivés. Le problème est que ces plateformes censées contrôler le risque ne pourront pas le faire si les marchés de financement de ces produits, comme le repo, ne sont toujours pas réglementés et peuvent s'enflammer en quelques heures.

On le voit, l'approche réglementaire est minimaliste et progressive. D'autant que, même s'ils transitent par une compensation centrale, les dérivés ne sont pas à l'abri d'une bulle et d'un krach, au même titre que le marché des actions et des obligations, même si les obligations de liquidité et de collatéral vont certainement freiner l'expansion des volumes et du levier sur les instruments désormais régulés.

Sur le marché des dérivés, les plus grandes expositions des banques proviennent des autres banques, mais aussi des intermédiaires financiers comme les fonds spéculatifs. Cela signifie que dix-huit banques et quelques gros fonds spéculent entre eux avec une montagne de dérivés, dont la couverture en capital est médiocre, et dont le financement repose très largement sur le marché court terme, particulièrement exposé.

Si les règles sont là, elles ne sont pas appliquées pour autant : la *Commodity and Futures Trading Commission* (CFTC), le superviseur américain des dérivés, s'est inquiété mi-2014 du fait que les banques contournent les règles du Dodd-Frank Act.

En effet, JP Morgan Chase, Goldman Sachs, Bank of America, Citigroup et Morgan Stanley ont supprimé la garantie juridique de leurs maisons-mères pour les transactions hors des États-Unis. Ceci leur a permis de ne pas passer par les chambres de compensation ni de déposer le capital nécessaire pour traiter sur le marché des dérivés. Des moyens existent toujours de contourner les règles.

Mais globalement, ce marché verra plus de contraintes à l'avenir. Même les dérivés qui continuent d'être négociés hors bourse seront assujettis à des exigences de collatéral doubles : une garantie en cas de défaut de la contrepartie, et une garantie supplémentaire en cas de baisse de la valeur des titres. L'entrée en vigueur de ces mesures n'est toutefois pas prévue avant mars 2017.

En outre, il faut aussi noter que les risques sont encore accrus par les nouvelles règles : les traders vont-ils se reporter sur les dark pools pour traiter confidentiellement les dérivés qui sont tombés sous le coup de la réglementation ?[1]

La tradition américaine en matière réglementaire a été celle d'un mouvement de balancier entre réguler et déréguler. Durant les années 1990 et 2000, la déréglementation effrénée des dérivés était la règle. Alan Greenspan, alors gouverneur de la Fed, avait défendu cette approche, au sortir même de la grande débâcle du hedge fund LTCM en 1998. Le Congrès avait adopté une nouvelle loi en décembre 2000 qui dérégulait le marché des dérivés OTC, en éliminant la supervision de la CFTC et de la SEC (autorité de surveillance boursière). La loi abolissait aussi des lois sur les jeux qui auraient rendu les transactions sur dérivés OTC illégales. D'autres lois ont aussi permis l'expansion du marché, comme un amendement à la loi sur les faillites : les contreparties de dérivés OTC peuvent boucler immédiatement leur contrat et saisir le collatéral en cas de défaut sans passer par la case faillite ! Les dérivés OTC ont alors pu opérer en toute discrétion sans régulation. La valeur des contrats est passée de 95 000 milliards fin 2000 à 670 000 milliards en juin 2008. Jusqu'à la crise des subprime, où ces instruments se sont avérés être au cœur du problème. Mais c'est seulement huit à neuf ans plus tard qu'entre en vigueur la réglementation partielle mentionnée plus haut (puisqu'elle ne concerne pas tous les dérivés OTC), et alors que d'autres marchés spéculatifs, plus opaques encore, ont pris le relais.

Les risques sont peu identifiables dans le monde obscur du shadow banking et des dérivés OTC créés sur les actifs

---

[1] http://www.ft.com/intl/cms/s/0/58251f84-82b8-11e3-8119-00144feab7de.html?siteedition=uk (contenu payant)

du shadow banking. Que se passe-t-il quand une contrepartie au contrat d'un produit OTC ne paie plus ou lorsque le sous-jacent perd sa valeur ? Un mécanisme de réaction en chaîne peut plonger le système dans le chaos, comme ce fut le cas avec la faillite de Lehman.

AU ROYAUME DE LA DETTE, LE TRIPLE B EST ROI[1]

Le marché qui s'est le plus développé ces dernières années ? C'est celui de la dette d'entreprises de faible qualité, qui offre un rendement élevé, à savoir la dette high yield et les junk bonds, à l'instar des petites et moyennes entreprises du secteur du pétrole et gaz de schiste aux États-Unis, qui ont contracté quelque 250 milliards de dollars de dette risquée entre 2009 et 2015 (car leurs notations de crédit étaient faibles). La titrisation a favorisé ce phénomène : depuis qu'il est possible de ficeler des paquets de dette de mauvaise qualité et d'y accoler une bonne note générale, de nombreuses entreprises et débiteurs hypothécaires ont émis des obligations moyennement solvables, qui seront mélangées à d'autres et proposées comme un produit à risque moyen. En 2013, 71 % des émissions d'obligations d'entreprises portaient la note B, soit la catégorie des obligations « pourries », contre 31 % en 1990.

Depuis que les rendements sur les obligations souveraines sont à zéro, les investisseurs n'ont d'autre choix

---

[1] Voir l'échelle de notation financière selon les principales agences de notation p. 186

que de se jeter sur des emprunts de moindre qualité pour placer à haut rendement l'excès d'argent facile.

Avant 2008, ces produits basés sur la dette étaient essentiellement réservés aux investisseurs institutionnels et n'étaient pas ouverts aux petits investisseurs. Mais depuis 2008, cela a changé : les clients de détail se voient offrir nombre de produits tels que des fonds de placement et trackers indiciels (ETF) sur de la dette d'entreprises ou de marchés émergents. Ceux-ci permettent aux petits investisseurs d'accéder à des placements rémunérateurs, mais les exposent en même temps à un risque accru. Si ces produits leur promettent une liquidité aussi élevée que les actions, en réalité celle-ci ne résisterait pas à une panique des investisseurs, surtout si le sous-jacent n'est plus liquide. Les ETF obligataires sont en effet devenus plus liquides que les obligations sous-jacentes. Mais c'est la liquidité du sous-jacent qui compte, en cas de crise. Or dans ce cas, il serait difficile de rembourser les investisseurs si le sous-jacent s'écroule. La liquidité des obligations d'entreprises a même fortement baissé depuis la crise, alors que le marché investit de plus en plus dans les ETF. L'accès au cash gratuit des banques centrales a donné une illusion de liquidité aux investisseurs sur des actifs illiquides par essence. Les fonds de placement sont censés rembourser ces obligations quotidiennement, mais en cas de retraits massifs, la crise d'illiquidité se manifestera comme en 2008 et cela pourrait aussi toucher les ETF détenus par ces fonds, et considérés en théorie aussi liquides que des actions.

Malgré les mises en garde régulières des spécialistes depuis 2012, le placement vedette de ces dernières années aura assurément été la dette risquée, de qualité spéculative, dite « à haut rendement ». Les produits basés sur cette dette de mauvaise qualité réagencée de manière sexy se vendent comme des petits pains. Ces produits auraient perdu trop de valeur sans le maintien des taux 0% par les banques centrales. Le marché les absorbe donc tant qu'il le peut, avide de rendement et de nouveautés. L'état d'esprit n'est ni à mesurer les risques, ni à se préparer à un scénario de taux d'intérêt plus élevés, qui condamnerait ces dettes.

Le prix du risque a fondu, les écarts de taux d'intérêt entre les emprunts d'État et les emprunts plus risqués (ou *spreads**) sont devenus insignifiants. Autrement dit, l'investisseur n'est que peu rémunéré pour le risque supplémentaire qu'il prend lorsqu'il préfère une obligation d'entreprise à une obligation d'État, ce qui le pousse à aller chercher des obligations de qualité toujours plus spéculative pour obtenir un rendement élevé.

Les spreads pour amortir les chocs et justifier de tels placements fondent comme neige au soleil. Le BBB devient le nouveau AAA. L'investisseur n'a d'autre choix que de prendre la dette de mauvaise qualité. Un investisseur demande en temps normal 8-9% de rendement pour une qualité BBB. Les acheteurs se contentent à présent de 5-6% et les dernières émissions sont à C et C– en Europe avec des spreads encore plus bas. La qualité ne compte plus. Tout est bon pour gagner des points de base, même les émissions les plus risquées et rejetées quelques mois auparavant. L'Équateur, Clear Channel Communications, Logan Property Holdings, Hellenic Petroleum, etc., passent dans l'assiette des investisseurs. Il n'y a plus assez de produits de qualité pour satisfaire l'appétit de rendement. Qu'à cela ne tienne, un emballage cadeau et une belle promesse de rendement suffisent pour vendre des crédits de plus en plus risqués avec de moins en moins de garanties. En effet, la titrisation peut parfois agir comme une opération de camouflage, en créant un produit d'investissement qui contient des dettes individuelles de mauvaise qualité, dissimulées dans un paquet de dettes de meilleure qualité.

Aux États-Unis, plus de la moitié des prêts arrangés en 2014 font fi des protections traditionnelles accordées aux investisseurs. Ces derniers souscrivent de plus en plus rapidement des produits risqués avec des garanties nulles. Ces prêts, appelés *cov-lite* (ou *covenant light**), sont dénués des garanties contractuelles usuelles pour le créancier, et surtout accompagnés de pages et de pages de clauses de non-responsabilité dans les documents de souscription qui protègent les institutions émettrices face au client. Ces souscriptions ne sont plus qu'une longue énumération des risques possibles et imaginables pour protéger le vendeur. Dès 2013, et sous la pression des investisseurs en quête de rendement, les crédits *cov-lite* commencent également à entrer sur le marché européen des emprunts *high yield*. Ces prêts sans garanties rappellent les *no-doc loans** ou prêts sans documentation accordés par des courtiers au sommet de la bulle des subprime, une phase où les standards des affaires s'effondrent toujours pour laisser la voie royale à la frénésie acheteuse.

9. VOLUMES DES PRÊTS EN EUROPE ET PARTS «COV-LITE»

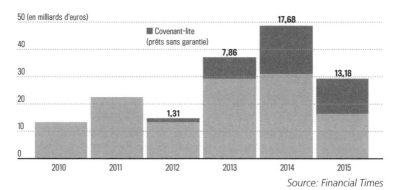

Source: Financial Times

AU ROYAUME DE LA DETTE, LE TRIPLE B EST ROI

Le high yield européen démarre sa vie au premier semestre 2010. En 2014, quinze entreprises lèvent de la dette à haut rendement à un rating de CCC à C, soit plus risqué que les BBB américains. Le montant des émissions triple. Piraeus Bank, National Bank of Greece, Yioula Glassworks, Pfleider qui partira en faillite, Ardagh Group, Matalan, ne sont pas exactement des investissements de père de famille. Ils sont pourtant souscrits rapidement à chaque fois. Fresenius place une émission à 7% en 2011 mais le rendement réel ne sera que de 1,86%. Numericable offre 23 milliards d'obligations et de papiers high yield en 2014, dont une partie a été levée pour financer l'acquisition de SFR, l'unité mobile de Vivendi. Les banques remplissent leurs livres d'ordres de dizaines de milliards de souscriptions. Les titres de qualité d'investissement *(investment grade*)* sont délaissés au profit des obligations de pacotille. De très nombreuses transactions high yield européennes sont émises au pic du marché, en 2014, malgré l'historique douteux du marché. Qui se soucie du passé lorsque la promesse de rendement futur éblouit la vue? Les investisseurs achètent sans examiner ces produits, comme pour le subprime, simplement parce que leur rendement est élevé par rapport au faible risque que le marketing de ces produits promet.

Le marché des emprunts de faible qualité s'est emballé jusqu'à culminer à 2000 milliards de dollars en 2014, selon l'estimation de la valeur des obligations de l'indice high yield global de Bank of America. Cet indice, qui a vu le jour en 1997, a mis douze ans pour atteindre 1000 milliards de dollars; et voilà qu'il lui a fallu quatre petites années pour doubler.

La dernière accélération de la finance date du subprime et de la frénésie de la titrisation. La nouvelle accélération de 2012-2013-2014 est encore plus brutale avec des acteurs encore plus avides et rêveurs. Le soufflet américain retombe, et c'est à ce moment, comme toujours, que l'Europe se met à investir. La Banque centrale européenne a même développé la titrisation européenne à partir de 2014 et favorisé ainsi l'émission de plus de produits.

En somme, la situation est similaire aux dernières phases de la bulle spéculative sur les subprime, à cette différence près que les taux d'intérêt, cette fois, ne sont toujours pas remontés, ce qui incite la bulle de crédit à poursuivre son expansion. La Fed se retrouve avec cette formidable bulle formée avec l'argent qu'elle a injecté ces dernières années, et qui n'attend que la moindre hausse des taux pour éclater, restaurer les notions enterrées de « risque », de « solvabilité », de « liquidité », et ramener sur terre tous ses admirateurs.

La finance est, pour l'heure, devenue une machine institutionnelle à nettoyer et revendre des actifs de piètre qualité ; son rôle de soutien à l'économie – en dehors des institutions plus locales – devient marginal.

Les banques centrales espèrent que les liquidités engendrées par les taux 0% se transformeront en crédit à l'économie, mais les entreprises qui comptent sur le crédit bancaire et ne se financent pas sur le marchés des capitaux ont peu accès à ces liquidités. Le crédit bancaire est bien plus restrictif et coûteux que l'émission d'obligations d'entreprises.

LE RISQUE SYSTÉMIQUE INDUIT PAR LES AGENCES DE NOTATION

La notation*, ou *rating*, est attribuée par une agence de notation. Trois agences principales se partagent le marché : Moody's, S&P et Fitch. Elles sont américaines et rémunérées par les émetteurs. Le rating détermine la qualité de crédit, bonne ou mauvaise, d'un produit financier à taux fixe. Un bon rating signifie un faible risque de crédit. Le taux d'intérêt est alors plus bas. Un produit financier plus risqué offrira un rendement plus élevé. Les agences de notation ont pour rôle d'analyser les produits financiers puis de leur attribuer une note qui permet à l'investisseur de les situer assez rapidement en termes de qualité de crédit et de risque de défaut. Mais cette analyse peut être très superficielle et les conflits d'intérêts importants. Durant l'euphorie de l'immobilier titrisé (subprime), entre 2002 et 2007, les agences de notation devaient noter des produits immobiliers. Elles n'avaient cependant jamais fait de crédit et n'avaient pas accès aux détails des prêts ! Moody's développe un modèle de titrisation informatisé en 2002. L'agence considère trois types d'informations. Les données primaires concernent le ratio prêt/valeur (calculé par les instituts demandeurs du rating), le code postal (pas besoin de voir l'objet), les notations de crédit* de l'emprunteur et le type de garanties immobilières (collatéral). Les données secondaires, mais pas nécessaires, sont : les réserves de liquidités, le revenu disponible, le premier crédit immobilier, la faillite du débiteur récente. Troisièmement, parmi les données non nécessaires, on trouve notamment les valorisations de l'objet immobilier. Or Moody's peut difficilement sans le troisième point vérifier le rapport prêt/valeur et ne peut pas considérer le ratio dette/revenu sans le deuxième point ! Se contenter du premier point pour un rating est, à l'évidence, léger. Une des règles dans les affaires de crédit est de voir le demandeur et de visiter l'objet. L'informatique et la gestion des risques rendent superflu ce travail basique, car l'ordinateur – en apparence – sait tout ! La plupart de ces prêts étaient pourtant entachés d'irrégularités comme dans les cas des prêts à des conditions abusives. Les valorisations étaient donc automatisées pour la plupart et n'étaient même pas réalisées par des experts lors d'une visite. Les données de ces modèles ne correspondaient pas à la moindre réalité économique. Les agences de rating ne pouvaient donc pas, sur la base de ces informations, se faire une idée des risques pertinente. De plus un crédit est normalement suivi tous les mois. Les agences n'avaient même pas accès aux données nécessaires pour le faire !

Aujourd'hui, la dette d'entreprises de faible qualité a pris la relève de la dette immobilière. Les notations n'ont pas gagné en crédibilité, mais continuent d'être suivies. Les investisseurs institutionnels sont friands de ratings « qualité d'investissement », soit une qualité de crédit entre AAA et BBB– selon le rating de Standard and Poor's, une qualité de crédit commune aux obligations d'États. Cela signifie que le risque est faible et que l'on peut investir sans danger. Les notes Ba1 et BB+ indiquent que les titres ne sont plus considérés comme étant de « qualité d'investissement » mais sont à classer dans la catégorie spéculative. Leur rémunération est plus élevée pour refléter le risque et compenser l'investisseur. Les institutionnels tels que les caisses de pension bannissent ces ratings de leur allocation. Ce qui signifie qu'un titre peut perdre des volumes considérables en cas d'abaissement prononcé de sa note.

Les conséquences sont importantes lors d'une baisse de rating. Le taux d'intérêt accroît la charge d'intérêt pour l'émetteur. Le mauvais rating affecte la valeur du titre. Lorsqu'il s'agit d'une obligation gouvernementale, un abaissement peut avoir des conséquences dramatiques, en faisant vaciller le budget d'un État, à l'instar de la Grèce et du Portugal lors de la crise de 2010-2013. Il devient alors plus difficile au gouvernement concerné d'émettre de nouveaux emprunts. Enfin, les obligations d'entreprises du même pays peuvent elles aussi voir leur rating se dégrader, par mécanisme de contagion.

L'un des mécanismes à l'origine de la crise de 2008 a été l'inclusion de déclencheurs automatiques d'abaissements de notes dans les contrats des produits dérivés sur le marché subprime. La justification de ces seuils de déclenchement était que des contreparties devenues moins solvables devaient apporter plus de collatéral, car le risque de non-paiement devenait plus grand. La crise s'est ainsi accélérée avec l'abaissement des notes de nombreux dérivés de crédit subprime, qui a entraîné des appels de marges sur nombre de ces produits structurés. La détérioration des actifs sous-jacents a automatiquement entraîné des appels à collatéral vis-à-vis des contreparties concernées.

L'assureur AIG a fait faillite fin 2008 en raison de l'exigence de 15 milliards de dollars de collatéral supplémentaire déclenchée par la rétrogradation de la note de son dérivé de crédit (CDS) par Moody's et S&P, immédiatement après la faillite de Lehman Brothers. Bien entendu, AIG n'était pas suffisamment capitalisé et ne pouvait réunir autant de fonds propres en un si court délai, d'autant que les marchés étaient gelés suite à la faillite de Lehman Brothers.

Les abaissements de notes sont des éléments déclencheurs de crise dans un système surendetté. Une entreprise déjà en difficulté (d'où l'abaissement de sa note), se voit forcée de trouver des milliards en collatéral additionnel, précisément au moment où elle est le moins susceptible de lever des fonds. Cela crée une spirale baissière qui mène l'entreprise à liquider des actifs à des prix bradés afin de réunir le collatéral exigé. Les ventes d'actifs amènent d'autres abaissements de la note, qui génèrent d'autres appels de marge, puis d'autres liquidations forcées, et ainsi de suite. C'est ainsi qu'une entreprise peut aisément passer d'un triple A directement à la case faillite dans une période de crise majeure, où la perte d'un AAA est l'assurance qu'une spirale allant droit vers la faillite serait déclenchée.

LA DÉTÉRIORATION
DES BILANS BANCAIRES

En Europe comme aux États-Unis, les banques étaient étroitement régulées depuis 1929. Le but était de veiller à l'adéquation entre les prêts et les investissements des banques et leur couverture en capital. Ce corset s'est peu à peu relâché dès 1991. La philosophie de Reagan, Clinton, Greenspan, Rubin, Summers et Bush s'est basée sur le libéralisme et la liberté d'entreprendre. Un entrepreneur ne peut faire de mal à son entreprise. Un individu intéressé ne peut agir que pour le bien de son entreprise et par extension, de la collectivité. Tel est le cadre idéologique qui a présidé à la grande vague de dérégulation bancaire des années 1980-2000.

Les divers actifs d'une banque comme les prêts et les investissements représentent des risques différents. En fonction de ces risques et du poids de ceux-ci, il faut déterminer la base de capital nécessaire pour les couvrir. Plus le risque est élevé plus il faut du capital. La banque doit soit réduire le volume de ces risques, soit augmenter sa couverture en fonds propres. Le but est d'obtenir un coussin de capital pour que la banque, en cas de difficulté, soit en mesure d'absorber ses propres pertes avec ses provisions. Les actifs les plus risqués nécessitent, à l'évidence, la couverture la plus élevée en capital. Or tout est dans la définition de ce qui est risqué. Et cela dépend des hypothèses des modèles mathématiques de gestion des risques utilisés par les banques. Durant les années 1990-2000, jamais les banques n'ont autant parlé de gestion du risque. Mais au même moment, les couvertures en capital s'amincissaient comme peau de chagrin dans leurs bilans et les risques n'ont jamais été autant sous-estimés. Les modèles basés sur des hypothèses minimalistes en termes de calcul du risque, c'est-à-dire ne prenant en compte qu'un historique récent et positif, ou excluant les risques extrêmes ou peu probables, ont incité à une prise de risque qui a justement occasionné une situation extrême, le krach monumental de 2007-2008.

À l'origine du problème, la détérioration continue de la qualité des fonds propres exigés par le Comité de Bâle sur les exigences de capital. Déjà dans les premières règles de Bâle (accords de Bâle I de 1988), le ver était dans le fruit. L'accord a introduit le concept d'actifs pondérés selon les risques *(risk weighted assets)*, ce qui veut dire que les actifs au bilan des banques qui sont jugés sans risque (dette des pays riches, cash, or) n'ont pas besoin d'une couverture en fonds propres. Et déjà à cette époque, l'acception s'est faite de plus en plus large pour les actifs qui étaient jugés sans risques. Peu à peu, la dette hypothécaire titrisée et divers instruments présentant un risque de contrepartie en réalité très élevé ont fait leur entrée dans les bilans bancaires, en étant jugés équivalents, en termes de sécurité, à du cash. Les banques ont pu décider elles-mêmes quel est le montant nécessaire en capital pour des produits comme les titres adossés à des hypothèques (MBS), comme celles émises par les agences de prêts hypothécaires Countrywide Financial, New Century et d'autres. Les banques ont ainsi pu détenir sur leur bilan des actifs illiquides et présentant des risques de contreparties, avec une couverture en capital plus faible que pour détenir de l'immobilier en direct.

Lorsque les crises interviennent, la recapitalisation des banques (augmentation des fonds propres à travers une intervention publique) est le remède universel. Cela permet de renflouer à intervalles réguliers les banques d'investissement devenues trop grandes pour faire faillite. Le traitement s'avère dans la plupart des cas trop léger. Il permettra seulement d'attendre la prochaine crise et non de la prévenir. En effet, les fonds propres couvrent les anciens risques, mais couvrent rarement les nouveaux risques. Et le monde parallèle qui domine le monde financier réglementé, à savoir le shadow banking, les dark pools et les dérivés OTC (lire les paragraphes consacrés à ces sujets p. 103) seront potentiellement les causes du prochain krach. Citigroup, Bank of America, Merrill Lynch, UBS, Credit Suisse, Dexia ont toutes été recapitalisées depuis 2008. À présent, personne ne mesure la montagne des nouveaux risques et les montants qu'une nouvelle crise nécessiterait.

Mi-février 2016, les ventes massives des actions des banques ont soulevé la question de leur solidité financière. Deutsche Bank a alors racheté pour 1,3 milliard d'euros une partie de sa propre dette pour rassurer les investisseurs sur sa solvabilité. Les bilans des banques font peur, actuellement. Si les banques américaines sont en principe bien capitalisées, leur exposition au marché des dérivés n'est pas précisément connue, mais la concentration de ce marché aux mains des plus grandes banques pose – depuis plusieurs années – un risque systémique. Les banques européennes, quant à elles, tendent actuellement à être sous-capitalisées. La crise de la zone euro a mené les investisseurs à vendre les actions des banques européennes et même à spéculer agressivement contre celles-ci car elles détenaient une partie importante de la dette grecque et d'autres pays périphériques de la zone euro, dont on craignait la faillite jusqu'à mi-2012. Cette perte de capitalisation boursière des banques européennes, couplée à leur exposition à la dette risquée des pays du sud de l'Europe, a contribué à détériorer leurs fonds propres.

Le contexte n'est pas favorable aux profits bancaires. Les taux d'intérêt négatifs affectent leurs marges d'intérêt, et la qualité du crédit des entreprises est généralement en baisse, ce qui affecte leurs portefeuilles de prêts. La volatilité très forte des marchés au début de 2016 n'arrange pas non plus la profitabilité des banques.

Tous ces facteurs conjugués pointent vers un affaiblissement du secteur bancaire ces prochaines années au profit de la finance de l'ombre, plus svelte et moins corsetée par les réglementations.

LES *COCO*, VARIANTE OBLIGATAIRE EXPLOSIVE I

Les CoCo bonds, une expérimentation financière risquée qui pourrait mal se terminer ? Ces obligations au nom évoquant une plage exotique sont en réalité des obligations convertibles conditionnelles *(Contingent Convertible Bonds*)*.

Ces instruments de fonds propres à convertibilité conditionnelle ne font pas partie de la finance de l'ombre. Mais nous les évoquons ici comme l'un des exemples de la détérioration de la qualité des bilans bancaires, y compris sous l'impulsion des régulateurs.

Les CoCo sont une des causes de la correction boursière brutale des principales banques européennes au début de 2016. Ils témoignent aussi des mauvaises surprises que peuvent réserver des instruments de fonds propres en réalité plus risqués que devrait l'être un actif servant de capital réglementaire, et qui devrait correspondre à un triple A, ou zéro risque. Il n'en est rien en ce qui concerne les CoCo. Utilisés comme fonds propres, les CoCo sont en réalité de la dette subordonnée, qui correspond à une obligation risquée. Preuve que ce ne sont pas uniquement les instruments spéculatifs de la finance de l'ombre qui peuvent déstabiliser les marchés, mais des classes d'actifs admises et autorisées par les régulateurs au titre de capital au bilan des banques.

Les actions des banques européennes ont en effet connu une correction en février 2016 qui a entraîné dans son sillage les banques espagnoles, allemandes et suisses.

Les obligations CoCo ont émergé en 2008 suite à la crise financière. Instrument typiquement européen (qui n'est pas utilisé aux États-Unis), les CoCo étaient une alternative jugée convenable à la recapitalisation des grandes banques par les gouvernements et les contribuables.

Ces emprunts émis par les banques offrent un coupon élevé à l'investisseur, ce qui est appréciable en période de quête désespérée de rendements.

Toutefois, ces titres de dette hybrides agissent comme des tampons. Ils absorbent les pertes dès lors que les fonds propres de la banque qui les a émis passent sous un seuil déterminé. Si la couverture en capital de la banque tombe en dessous d'un certain niveau, l'obligation CoCo peut être automatiquement convertie en actions. Elle peut aussi suspendre le versement des coupons ou même liquider le principal. Dans tous les cas, le porteur de l'obligation porte le risque en cas de détérioration du bilan. Or ce dernier a peu intérêt à voir son titre converti en actions d'une banque qui chute en bourse. Quant à une liquidation, elle déboucherait sur une perte partielle ou totale pour le porteur de l'obligation. La suspension des coupons du CoCo en ferait, enfin, un investissement non performant.

Détenir des obligations CoCo, c'est devenir tributaire de toutes les expositions de la banque concernée. Une chute des prix du pétrole met à risque les porteurs de CoCo, car les banques européennes, en l'occurrence, sont les principales créancières des compagnies pétrolières.

Même le ralentissement de l'économie chinoise est un facteur qui peut mener les banques européennes à suspendre les paiements des coupons. Deutsche Bank, en particulier, a dû verser des milliards en amendes pour régler différents litiges. La banque d'affaires allemande est prise dans l'étau d'un certain nombre de réglementations qui ont réduit sa marge de profit. Les inquiétudes au sujet de sa couverture en capital ont rendu les porteurs de CoCo inquiets au sujet d'une suspension des paiements de coupons. Ces incertitudes ont rendu les CoCo de la banque francfortoise moins attrayants, et leur valeur a baissé. D'autres grandes banques européennes ont subi le même sort. Ceci a affecté non seulement les investisseurs institutionnels d'Europe, mais également des États-Unis. Tous avaient cru qu'il s'agissait d'un placement relativement peu risqué, avec un rendement plus attrayant que les obligations souveraines. Nombre d'entre ces fonds de pension se sont exposés au risque de voir leurs obligations converties en actions de banques européennes, y compris dans les portefeuilles du deuxième pilier, en lieu et place d'obligations (supposées) sûres.

Les CoCo bonds, comme d'autres placements conçus en 2008 ou 2009, n'ont pas été testés lors de périodes agitées pour les banques et en phase d'instabilité boursière. Il s'avère déjà que ces obligations se retrouvent en première ligne en cas de besoin de recapitalisation des bilans.

Ainsi, la nouvelle politique prudentielle des banques, au lieu de solidifier leur base de capital, n'a fait que substituer à des fonds propres sans risque des catégories d'actifs à la qualité d'actifs hybrides et peu stables, à travers lesquelles une partie du risque du bilan est transférée aux investisseurs, intégrés pour l'occasion au cercle des premiers bailleurs de fonds.

LES *CLO*, VARIANTE OBLIGATAIRE EXPLOSIVE II

En période de crédit gratuit, la créativité en matière de produits basés sur la dette est sans limites.

Après les crédits immobiliers titrisés, c'est à présent la dette d'entreprises peu solvables qui accapare l'intérêt des spéculateurs, comme nous l'avons constaté tout au long de cet ouvrage.

Les CLO, c'est un marché de plus de 300 milliards de dollars, qui fait partie de la finance de l'ombre. Le Congrès américain a tenté de le réglementer, mais il ne subira nulle restriction avant juillet 2017 au plus tôt. Il s'agit de paquets de dettes d'entreprises de mauvaise qualité, emballés dans un produit qui s'appelle un CLO, ou *Collateralized Loan Obligation**.

Un CLO inclut donc des créances douteuses d'entreprises, mixées et découpées en tranches. L'investisseur peut souscrire à une tranche moins risquée, ou plus risquée. S'il choisit une tranche plus risquée et donc plus mal notée en termes de qualité de crédit, il reçoit un rendement plus élevé que s'il souscrit une tranche de meilleure qualité. Mais c'est seulement dans ce dernier cas qu'il peut espérer se faire rembourser en cas de défaut des créances sous-jacentes.

LA FINANCE DE L'OMBRE A PRIS LE CONTRÔLE

Si certains des prêts sous-jacents commencent à faire défaut, les tranches les moins bien notées sont en effet les premières à prendre les pertes, tandis que les tranches mieux notées ont la priorité au niveau du remboursement. Un mécanisme tout à fait identique, en somme, aux prêts subprime (CDO ou *Collateralized Debt Obligation*) sur l'immobilier résidentiel américain. Et comme à l'époque, les agences de notation prêtent aux CLO un risque minime, comparable aux bons du Trésor américain. Alors qu'un CLO typique est composé de créances de qualité médiocre, 65% des tranches vendues sont notées AAA, ce qui laisse supposer une sous-estimation des risques, en cas de crise, similaire à la bulle des subprime. Les CLO sont un produit du shadow banking, et leur liquidité est faible, ce qui signifie qu'un investisseur qui veut revendre sa part peut avoir des difficultés à trouver un acheteur.

Cinq banques contrôlent 47% du marché des CLO. Credit Suisse, Bank of America, JPMorgan Chase sont les trois leaders sur le marché des CLO. Ce produit, comme tous ceux basés sur les financements de l'ombre, est particulièrement vulnérable aux secousses boursières et aux risques de hausses des taux d'intérêt. C'est pourquoi au dernier trimestre 2015, Credit Suisse a enregistré des pertes de 145 millions de dollars sur ses produits de dette titrisée, y compris sur les CLO.

Ces dettes titrisées, comme leurs ancêtres les CDO subprime, sont potentiellement illiquides, comme évoqué plus haut. Si les sous-jacents se détériorent, il sera très difficile pour les banques qui les détiennent, ou pour les investisseurs (fonds de pension par exemple) de s'en débarrasser. Pour éviter que les CLO ne soient à l'origine du prochain krach, il faudrait que les banques centrales relèvent leurs taux d'intérêt, pour rendre moins attrayant le supplément de rendement (ou spread) généré par ces produits et afin que les banques cessent d'en émettre. Mais tout au long de ce livre, nous constatons l'impossibilité d'un relèvement des taux, au vu de l'ampleur qu'a prise le marché du crédit et tous les produits d'investissement qui s'y sont créés.

Autre possibilité : les autorités financières peuvent placer des limites à l'émission de nouveaux CLO. Clairement, le secteur financier n'a pris pour l'heure ni l'une, ni l'autre de ces deux directions. Seule une correction boursière stoppera ce marché spéculatif, comme les précédents. Tant que la Fed et la BCE gardent leurs taux proches de zéro, ce marché progressera, et les risques qui l'accompagnent aussi.

Souvent aussi, un CLO inclut de la dette contractée par un fonds de capital-investissement *(private equity)* pour acquérir une majorité de contrôle dans une entreprise non cotée (ce qu'on appelle un rachat financé par la dette, ou *leveraged buyout*)*. Les fonds de private equity ont compris l'intérêt de ce marché. Il est ainsi possible de financer des rachats d'entreprises avec des montages à vingt-quatre heures, titrisés sous forme de CLO. Les fonds de private equity pourraient, à terme, prendre la place des Goldman Sachs de ce monde, avec l'accès au financement à court terme et le levier qu'ils obtiennent sur leurs investissements. Cela, si la hausse des taux les épargne – car ils ne travaillent qu'avec de la dette – et si la gamme de leurs produits continue de s'étendre pour en faire des asset managers au portefeuille complet.

LE *PRIVATE EQUITY*, UNE AUTRE BOÎTE NOIRE

Le private equity*, c'est la banque de l'ombre par excellence. Les fonds de private equity sont un peu l'équivalent des hedge funds, sauf que les premiers investissent dans des entreprises non cotées, et les seconds investissent en bourse. Les premiers sont encore plus opaques que les seconds. Mais les deux sont aussi peu transparents que peu régulés. Si les hedge funds gèrent aujourd'hui quelque 2900 milliards de dollars, les actifs du private equity et du capital-risque atteignent désormais 3800 milliards[1] : leur croissance a été fulgurante depuis la crise, parce qu'ils ont accompagné l'essor phénoménal des startups technologiques de la Silicon Valley, et le véritable boom s'est en effet produit dans le capital-risque, à savoir l'investissement dans des entreprises en démarrage. En 2014, c'est la compagnie de taxis Uber Technologies qui a battu le record mondial en termes de levée de fonds, avec 2,4 milliards obtenus lors de deux opérations.

Le private equity a aussi été un investissement qui rapporte, ces dernières années. Selon l'indice *Institutional*

---

[1] https://www.preqin.com/docs/samples/2016-Preqin-Global-Private-Equity-and-Venture-Capital-Report-Sample_Pages.pdf

LA FINANCE DE L'OMBRE A PRIS LE CONTRÔLE

Limited Partners Association (ILPA), le private equity a rapporté 12% sur dix ans.

Le private equity, c'est donc le capital-investissement qui se place dans les sociétés non cotées, et qui est très souvent emprunté. La dette est la matière première du private equity, et ce secteur explose lorsque le loyer de l'argent est bas. Acteurs majeurs de la finance de l'ombre, les fonds de capital-investissement deviennent les nouvelles banques d'affaires, car elles ont les mêmes moyens, la réglementation en moins.

Cette catégorie de véhicule financier émerge dans les années 1980. Quelques hommes assis derrière leur écran vont acheter des empires industriels avec des fonds privés d'investisseurs et beaucoup de dette. L'innovation financière adossée au levier à haut rendement inaugure l'ère des leveraged buyout (LBO), ou rachats d'entreprises financés par la dette. La spéculation obligataire[2] à outrance se réveille. Les rachats d'entreprises avec effet de levier se multiplient. Le moteur de cette frénésie, comme pour tous les autres marchés spéculatifs, est la dette, mais plus précisément son financement avec les junk bonds (les obligations pourries). Renommé high yield dans les années 1990, ce marché des crédits à solvabilité médiocre se fait appeler *private debt* aujourd'hui. C'est une particularité de la finance moderne : générer l'oubli et créer de nouveaux noms !

Il y a un côté familial dans le private equity. Le fonds qui prend une part dans une entreprise s'implique dans le management, donne davantage de sa personne, restructure plus ou moins agressivement l'affaire, contrairement

---

[2] Le livre en anglais *Liar's Poker* de Michael Lewis, Norton Company, 2006, décrit bien les mécanisme de cette crise.

LE *PRIVATE EQUITY*, UNE AUTRE BOÎTE NOIRE

à la prise de participation dans une entreprise cotée en bourse, plus détachée par nature.

Dans le private equity, la gestion de l'entreprise porte davantage la signature de l'investisseur. Richard Branson a par exemple financé Virgin Galactic, une société privée de recherche spatiale. Au travers de Virgin Group, il s'est associé au fonds Aabar Investments d'Abu Dhabi pour racheter l'entreprise. Et c'est en famille, avec quatre générations représentées, que Sir Richard Branson a assisté en février 2016 à la cérémonie de lancement du vaisseau spatial Virgin Spaceship.

Les gérants du private equity que sont Blackstone, Carlyle, KKR, et Appollo prennent aujourd'hui la place des banques dans diverses activités de financement d'entreprises, tout autant que les gérants d'actifs (asset managers) que nous avons présentés dans le chapitre consacré au shadow banking.

Les firmes de capital-investissement ont pour vocation d'investir (très souvent avec de la dette) dans des entreprises non cotées et de créer de la valeur sous la forme de croissance des bénéfices. Au bout de quelques années, le fonds de private equity sort du capital de l'entreprise (c'est la phase dite d'*exit*) et cherche une autre cible qui offre un potentiel élevé de réaliser de la valeur latente.

Mais comme les nombreux investisseurs de la finance de l'ombre, les gros acteurs du private equity dépendent des taux d'intérêt bas, car leur activité se déploie avec de la dette. D'un côté, ils se financent à bon marché, et de l'autre, ils investissent dans une société en difficulté financière, ou dans une startup à haut potentiel de développement, pour créer de la rentabilité et réaliser ainsi tout le levier que permet leur financement à taux bas.

LA FINANCE DE L'OMBRE A PRIS LE CONTRÔLE

Au début de 2016, les fonds de private equity avaient près de 450 milliards de dollars à investir dans des entreprises non cotées. Rien qu'à la Silicon Valley, il y a chaque année 100 milliards de dollars de capital-risque disponible, qui tourne en quête des bonnes cibles. Mais les valorisations, y compris dans l'univers des entreprises non cotées, sont montées en flèche ces dernières années, en particulier dans le secteur technologique.

Ayant avalé les startups technologiques les plus innovantes, les fonds de private equity ont aussi investi dans les compagnies de pétrole et de gaz. Durant la débâcle de nombreux acteurs du secteur en 2016, les fonds de private equity ont racheté des actifs à des prix relativement bon marché et réalisé de bonnes affaires.

Au moment où les banques qui détiennent la dette du secteur de l'énergie étaient pressées de procéder à des cessions d'actifs de leurs clients insolvables, sous la pression réglementaire, les fonds de private equity, très fortement capitalisés avec quelque 450 milliards de dollars de puissance de feu (argent confié par les investisseurs en 2016), ont pu récupérer sans peine une part de ces actifs cédés, pariant qu'ils se revaloriseraient ces prochaines années.

Ces banques de l'ombre, avec leurs cousins gérants d'actifs (asset managers), prêtent de plus en plus directement à des entreprises d'Europe et des États-Unis. Selon le Financial Times, le nombre de ces intermédiaires qui financent les entreprises a plus que doublé (+120%) depuis 2013.

Ces acteurs ont directement récupéré les affaires qu'ont délaissées les banques, occupées à nettoyer et réduire la taille de leurs bilans depuis la crise.

LE *PRIVATE EQUITY*, UNE AUTRE BOÎTE NOIRE

Cette tendance favorise le développement du marché de la dette privée, considérée comme faisant partie du secteur du shadow banking.

La migration des prêts à levier* (c'est-à-dire des prêts financés par la dette) en dehors des banques inquiète les régulateurs car elle promet de détériorer les standards en matière d'octroi de crédit, ce qui augmenterait les risques pour la solvabilité du système financier.

Les fonds de private equity et les asset managers qui prêtent directement de l'argent aux entreprises s'exposent à des paniques d'investisseurs susceptibles de paralyser ces fonds, en cas de secousse des marchés et de détérioration de la qualité de crédit des entreprises. Alors que les banques peuvent emprunter à la banque centrale, les gérants de fonds ne peuvent le faire. Ils n'ont donc pas de filet de sécurité en cas de défaillance du marché du crédit. Mais ces banques de l'ombre sont prêtes à prendre ces risques, estimant le gain annuel sur les stratégies de prêts directs entre 8% et 14%. Et ces fonds, bien que non réglementés, peuvent aujourd'hui se prévaloir d'une base de capital plus élevée, si ce n'est plus stable, que de nombreux bilans bancaires.

Comme le résume un expert cité par le Financial Times : « Les entreprises empruntent désormais à Blackstone plutôt qu'à HSBC. C'est une redéfinition du rôle des asset managers et des banques.[3] »

---

[3] http://www.ft.com/intl/cms/s/0/1ba49682-1666-11e5-b07f-00144feabdc0.html#axzz40qq69I00 (contenu payant)

LE DÉCROCHAGE DES VALEURS NUMÉRIQUES

En 2016, le private equity cible le secteur technologique : 100 milliards de dollars sont prêts à s'investir dans des startups de la Silicon Valley chaque année (même si au final, seul un tiers s'y investit réellement).

Selon Techcrunch.com, les actions des startups valorisées à 1 milliard, qu'on appelle les « licornes* » s'arrachaient jusqu'à la fin de 2015. Mais avec les déboires d'Evernote[4], et la confirmation qu'Uber a essuyé près de 1 milliard de dollars de pertes sur le seul premier semestre de 2015, l'enthousiasme se calme.

Le fonctionnement du private equity est différent de la bourse. Le capital-investissement qui est levé par les startups technologiques est facteur de la demande d'investissement, plus que des fondamentaux économiques. Jusqu'ici, on peut dire que la bourse peut aussi fonctionner de cette manière, comme elle l'a fait durant la bulle des valeurs technologiques de 1997-2000 : les valorisations se basaient sur le nombre de clics, tout comme aujourd'hui les valorisations des startups non cotées se basent sur les millions d'utilisateurs.

Mais le private equity échappe à la sanction du marché boursier, où le mécanisme de formation du prix de l'action résulte de multiples négociations d'acheteurs et de vendeurs. À l'inverse, un cercle d'investisseurs qui financent une jeune pousse, et attribuent à son modèle d'affaires le prix qu'ils estiment justifié, peuvent conférer des valeurs aberrantes à cette startup. Lorsqu'en 2015, Uber est valorisée par les cercles du capital-risque à 50 milliards de

---

[4] http://uk.businessinsider.com/evernote-is-in-deep-trouble-2015-10?r=US&IR=T

dollars, alors qu'elle perd 1 milliard en un semestre, la bulle des valorisations de l'économie numérique est confirmée.

Les informations financières à propos des entreprises de l'économie du web restent confidentielles aux yeux du reste du monde au moment où l'entreprise gagne de la valeur.

À cet égard, les transactions du private equity, même si les tours de financement reposent sur des chiffres et des modèles d'affaires, s'apparentent d'une certaine manière au marché de l'art, par la taille restreinte du cercle des investisseurs et par ses valorisations parfois hautement spéculatives qui ne s'appuient que très peu sur des fondamentaux économiques.

Si bulle technologique il y a, c'est bien dans le private equity qu'elle s'est formée. Car sur le Nasdaq, une fois qu'un titre est coté, il ne prend plus autant de valeur que durant ses années hors cote. Ce sont donc toujours les fondateurs qui encaissent le gain de valorisation le plus substantiel, qui atteint un sommet au moment de leur sortie à l'occasion de l'introduction en bourse. Ainsi, les actions de Google et Facebook n'ont commencé à prendre de la valeur en bourse qu'après deux ans de cotation. C'est grâce au private equity que les milliardaires trentenaires se sont multipliés à la Silicon Valley. Si Bill Gates a mis quarante ans à accumuler 80 milliards, Mark Zuckerberg en a mis onze pour amasser 46 milliards, et les fondateurs d'Uber et d'Airbnb ont mis cinq ans pour capter entre 9 et 12 milliards de richesse.

Mais quand le Nasdaq chute, comme il l'a fait, de 18% au début de 2016, les valorisations du private equity redescendent soudain sur terre, pour se réaligner sur la cote technologique. De leur côté, les prix payés pour les homologues non cotés restent confidentiels. Lorsque, comme actuellement, l'appétit du marché du private equity se dégonfle subitement pour les « licornes », les tendances se chuchotent dans la presse financière plutôt qu'elles ne se crient, avec des experts du secteur qui témoignent sous couvert d'anonymat. Et on remplace le mot « potentiel » par le mot « fondamentaux ». Au sommet de la bulle des dotcom, les fonds de capital-risque avaient investi 105 milliards de dollars dans les startups sur la seule année 2000. En comparaison, ces cinq dernières années, les investissements dans la Silicon Valley apparaissent plus étalés, et n'ont pas dépassé 20 à 30 milliards par année; en revanche, ils sont relativement concentrés sur une « liste A » des licornes les plus prisées, comme Uber, et au total, l'exposition des investisseurs au secteur technologique est aussi élevée que lors de la bulle de 2000.

10. ÉVOLUTION DU NASDAQ

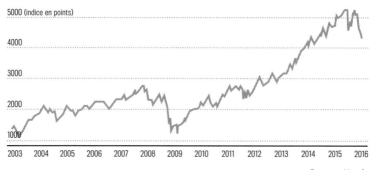

Source: Nasdaq

Mais le Nasdaq, qui a gagné 230 % depuis 2009, connaît un retour à la réalité en 2016, et les investisseurs en capital-risque ne peuvent l'ignorer. L'exubérance irrationnelle (expression inventée par Alan Greespan, alors président de la Fed, au sommet de la bulle des subprime) affecte aussi le private equity et le capital-risque, si ce n'est davantage. Sauf qu'ici, on investit sans filets et on prend, le cas échéant, une perte sèche. Le secteur n'étant pas réglementé comme les banques, il n'est pas susceptible de bénéficier d'un sauvetage public et d'une recapitalisation par la banque centrale.

LA BULLE DES *ETF*

Les ETF, ou *Exchange Trade Funds**, sont des titres qui répliquent* à un indice boursier, des devises, des matières premières, des obligations, etc.

Le succès des ETF a été fulgurant ces dix dernières années : le total des encours placés dans ces titres a dépassé les 3000 milliards de dollars en mai 2015.

Goldman Sachs prédit que ce montant va doubler d'ici à 2020. L'engouement pour ces papiers qui clonent des indices provient du fait que la recherche académique démontre que les fonds de placement ne battent pas la performance d'un indice boursier sur le long terme. Dès lors, les investisseurs institutionnels comme les fonds de pension préfèrent souvent acheter ces titres qui répliquent les indices boursiers plutôt que de payer les frais de gestion d'un fonds ou d'un portefeuille d'actions.

Mais les ETF, en devenant de plus en plus sophistiqués, sont devenus aussi plus risqués. Au départ considérés comme aussi liquides qu'une action, ces titres échangés sur des bourses régulées permettent de plus en plus de prendre des paris spéculatifs sans sous-jacent aucun. C'est l'avènement des ETF synthétiques, qui ont pris leur essor dès 2001.

À ses origines, un ETF «physique», qui réplique un indice, devait détenir l'entier, ou un échantillon représentatif, des titres qui composent l'indice. Par exemple, si vous investissez dans l'indice S&P 500, vous possédez chacune des 500 actions de cet indice, ou une bonne partie d'entre elles. La réplication physique est claire et transparente et peu coûteuse.

Les ETF synthétiques, bien plus risqués et comptabilisés dans la finance de l'ombre, sont une spécialité plus européenne qu'américaine.

Conçus aussi pour répliquer un indice, ils ne détiennent pas physiquement chacun des titres de ce dernier, mais se basent sur des dérivés tels que des swaps pour exécuter la réplication. Ils reposent donc sur un simple contrat avec une contrepartie (une banque d'affaires, en général) qui s'engage à payer l'équivalent de la performance de l'indice. Le fait qu'elles n'ont pas à détenir les titres sous-jacents leur permet de répliquer des stratégies plus complexes et moins liquides, qui plaisent aux investisseurs en quête de rendements élevés. Mais ces stratégies ajoutent aux risques des ETF. On peut également vendre à découvert (pari baissier) un indice à l'aide d'un ETF synthétique, avec un levier qui permet de doubler ou de tripler le pari. Ces instruments, qui n'ont plus de lien avec les actifs sous-jacents, sont sujets à un risque de contrepartie qui est moindre pour les ETF physiques. L'investisseur dans un ETF synthétique dépend de la capacité du fournisseur du dérivé à lui payer le rendement de l'indice, faute de quoi il devra endosser la perte.

Ces produits synthétiques informatisés sont parfois à l'origine de variations subites et brutales de la bourse.

Cette dématérialisation du sous-jacent se trouve aussi dans une autre pratique très courante, potentiellement très risquée et parfois dévastatrice, mais typique de la finance de l'ombre : les ventes à découvert nues, ou *naked shorts**.

LES VENTES À NU *(NAKED SHORTS)* TOUJOURS TOLÉRÉES

Les spéculateurs prennent, couramment, des paris sur la baisse d'un titre. C'est la pratique de vente à découvert, ou *short selling*, technique qui consiste à emprunter (à un courtier ou à une banque) un titre pour le vendre et empocher la différence entre son prix de départ et son prix d'arrivée. Par exemple, vous empruntez une action à 10. Vous la vendez à terme à ce prix. Elle perd de la valeur et tombe à 5. C'est ce que vous espériez : votre pari est gagnant. Vous la rachetez à ce prix (après l'avoir vendue), la remboursez au courtier (après l'avoir empruntée) et empochez la différence de 5. En revanche, si l'action prend de la valeur au lieu d'en perdre, votre perte potentielle est illimitée. Un investisseur qui parie à la hausse prend moins de risque qu'un vendeur à découvert : le premier ne peut perdre que sa mise de fonds.

La vente à découvert nue, ou *naked shorting*, va encore plus loin. Elle consiste à vendre un titre sans même l'avoir auparavant emprunté. On effectue des paris avec des dérivés, sans jamais posséder les sous-jacents. Or la transaction porte bien sur un titre, virtuel, qui techniquement est un faux : l'entreprise ne l'a jamais émis, puisqu'il n'existe pas. Vous avez vendu un titre fantôme. En 2008, les autorités boursières américaines ont interdit les « abus en matière de naked shorting », mais pas la pratique elle-même. Qui était pourtant à l'origine de l'effondrement de Bear Stearns, victime, dès le 9 janvier 2008, d'une vente à découvert nue et massive de 11 millions de titres Bear Stearns (qui n'avaient jamais été empruntés au préalable, selon les règles). La banque ne s'en est jamais relevée ; ses titres se sont écroulés et ses derniers morceaux ont été vendus à JP Morgan. Puis, les vendeurs à découvert se sont tournés vers Lehman Brothers, AIG, Citigroup, Fannie Mae, Freddie Mac, Bank of America. Des hedge funds comme Greenlight Capital ou SAC Capital shortaient* (vendaient à découvert) massivement sans emprunter le titre. Souvent, les hedge funds actifs dans la vente à nu font simultanément circuler des rumeurs multiples et incessantes sur la faillite imminente, le rachat imminent, ou le retrait imminent d'investisseurs, de l'un ou l'autre des établissements ciblés, ce qui revient à manipuler le marché. Et lorsqu'à l'été 2008 l'autorité de surveillance boursière (SEC ou *Securities and Exchange Commission*) a finalement émis un ordre urgent obligeant les hedge funds à emprunter d'abord les titres avant de vendre à découvert, restriction somme toute très légère et temporaire (trois semaines), et qui portait sur seulement dix-neuf établissements sur les soixante alors ciblés par les attaques « nues », le lobby des hedge funds s'est insurgé dans la presse financière contre cette mesure qui prétéritait « l'efficience des marchés ». La SEC a finalement cédé aux pressions, et les restrictions ont expiré[1].

---

[1] https://www.deepcapture.com/2008/10/the-naked-short-selling-that-toppled-wall-street/

LES VENTES À NU *(NAKED SHORTS)* TOUJOURS TOLÉRÉES

La vente à découvert nue se pratique encore communément et les réglementations voulant limiter les abus ne sont pas opérantes. Depuis septembre 2008, de nouvelles règles, quasiment identiques aux précédentes, prévoient seulement que les hedge funds doivent, non pas emprunter un titre avant de le vendre, mais le «localiser», et en informer le négociant. Si le négociant a l'impression que le hedge fund leur ment et qu'il n'a pas «localisé» de titre avant sa vente à découvert, il devrait avertir la SEC. Pour information, les maisons de courtage dépendent des hedge funds pour une très large part de leurs revenus (ce sont leurs premiers clients); iraient-elles donc alerter la SEC si ces derniers lui ont menti ? Dans un marché très liquide, vendre à terme un titre sans même l'avoir emprunté passe largement inaperçu. Or le *naked shorting* est une technique qui est souvent vue comme un moyen de manipuler les cours de bourse. Par exemple, de petites sociétés actives dans la biotech, qui prennent un risque élevé en développant un nouveau traitement, et qui ne sont pas très suivies par des analystes boursiers, constituent la cible idéale pour le naked shorting, car elles ne peuvent se défendre.

Les attaques commencent par un flux de mauvaises rumeurs qui s'étalent sur les blogs, les sites financiers et les réseaux sociaux.

Le but est d'entraîner les investisseurs à vendre en masse le titre. En effet, le trader du hedge fund qui lance l'attaque est préalablement positionné à la vente, et attend que le prix baisse, ou plutôt facilite fortement cette baisse. L'attaque emprunte donc les voies de la communication négative. Parfois, des bloggeurs influents reprennent à leur compte des bouts de texte rédigés par les employés du hedge fund. En général, c'est un groupe de traders de différents hedge funds qui s'entendent pour attaquer un titre et arrivent généralement à le faire tomber exactement au niveau souhaité. Rien de nouveau : l'investisseur milliardaire George Soros, « l'homme qui a fait sauter la banque d'Angleterre », pratique couramment cette méthode depuis les années 1990. En 2010, le fonds Soros Fund Management et d'autres hedge funds ont vendu l'euro agressivement à découvert pour le déstabiliser. Au plus fort de la crise de l'euro, le spéculateur vedette donnait de multiples interviews et signait des colonnes dans la presse financière pour annoncer le démantèlement de l'euro et sa fin inéluctable. Cette opération n'a toutefois pas abouti en raison du rebond de la monnaie unique suite à des achats de dette souveraine de la zone par la Chine et le Japon.

En février 2016, Goldman Sachs somme ses clients de vendre à découvert l'or. En réalité, la banque vise peut-être à racheter de l'or contre ses clients. Une tradition bien connue de la grande firme de parier contre ses clients, comme l'analyse l'investisseur « contrarien[2] » réputé aux États-Unis, Peter Schiff, de Euro Pacific Capital.

Il explique en effet pourquoi une banque comme Goldman Sachs n'a aucun intérêt à conseiller à ses clients de vendre à découvert l'or, si elle veut elle-même en vendre à découvert : le gain potentiel pour la firme serait minime. En revanche, conseiller aux clients de shorter un titre, pour qu'elle l'achète ensuite à bon prix, est infiniment plus rémunérateur. À l'inverse, poursuit-il, si Goldman Sachs estimait qu'un titre est sous-évalué, pourquoi aurait-elle besoin de le crier haut et fort à ses clients ? Si elle souhaite l'acheter, elle a très largement les ressources pour le faire. En revanche, si elle souhaite le vendre, elle a besoin

---

[2] Qui va à l'encontre du consensus du marché.

LES VENTES À NU *(NAKED SHORTS)* TOUJOURS TOLÉRÉES

d'acheteurs : c'est précisément pourquoi elle conseillera, dans ce cas, le titre à l'achat[3].

En général, la cible d'une vente agressive ne résiste toutefois pas si bien.

Aux États-Unis, les vendeurs à découvert parviennent très facilement à faire passer les opinions négatives qu'ils émettent à propos de leur cible dans les blogs, les réseaux sociaux et les grands médias. Jim Cramer, commentateur sur CNBC, ancien gérant de hedge fund et auteur de best-sellers, raconte en 2014 sur TheStreet.comTV comment, après avoir pris ses positions à la vente sur un titre, il répandait activement des rumeurs et impressions négatives sur la cible, prenait le téléphone pour propager autant que possible une « vérité alternative », une « fiction » qu'il diffusait dans les médias pour amener d'autres investisseurs à vendre, et décrocher ainsi les gains. Il explique que cette technique de propagande négative est « légale, lucrative, amusante, et très satisfaisante pour gagner de l'argent rapidement ». La vidéo, qui ne devait jamais devenir publique, a fini sur Youtube et revêt aujourd'hui la dimension d'une confession d'un insider sur l'étendue de ces pratiques[4].

La manipulation des cours à travers les ventes à découvert fait elle aussi partie de la finance de l'ombre : l'identité des vendeurs à découvert, en dehors des hedge funds connus pour être des spécialistes du shorting – est souvent obscure car ils dissimulent leur identité derrière les courtiers *(prime brokers)* qui agissent en leur nom ou derrière des sociétés-écrans domiciliées offshore pour éviter de payer des impôts ou d'avoir des questions du régulateur. Selon

---

[3] https://www.youtube.com/watch?v=nwwH_roz-Fc

[4] https://www.youtube.com/watch?v=VMuEis3byY4

les estimations, il y aurait environ 130 millions de titres non livrés chaque jour pour des transactions *naked short*, ce qui représente environ le dixième du nombre total de titres échangés chaque jour sur le New York Stock Exchange. Cette pratique, qui se prête à des abus notables, n'est pas réglementée, et cependant elle affecte au premier chef les jeunes entreprises et l'économie réelle. Une plongée dans les récits des initiés au sujet des pratiques courantes des vendeurs à nu et des négociants qui leur prêtent – ou font semblant de leur prêter – des titres, rappelle les heures les moins glorieuses de l'industrie des subprime, en matière d'affaissement des standards de l'éthique et de l'intégrité professionnelle. Les primary dealers, pour lesquels il est très lucratif de prêter des titres destinés à être shortés, facturent ces prêts aux vendeurs à découvert (jusqu'à 5 % d'intérêt par semaine) même lorsqu'il n'y a pas de livraison de titres. Les négociants peuvent prêter huit à dix fois les mêmes titres, présentés comme des prêts légitimes, alors que huit à dix fois, il n'y a pas eu livraison réelle d'un titre. Du côté du vendeur à découvert, lorsqu'il vend ce titre virtuel, un acheteur l'achète forcément. Si cet acheteur utilise un compte de marge, son titre sera immédiatement prêté par le broker, contre une commission, au vendeur qui l'avait justement emprunté pour de faux. De cette façon, le titre revient « blanchi » pour se transformer en titre légitimement emprunté. Quant aux négociants, ils facturent à chaque fois le prêt. Face aux autorités de surveillance, des techniques éprouvées permettent de faire passer ces opérations irrégulières sous le tapis. Lorsque les régulateurs viennent faire des visites chez les négociants – et heureusement, ils préviennent assez tôt – les négociants, qui opèrent toujours au plan international, se débrouillent pour déplacer ces positions hors de la juridiction où s'opère l'examen, pour les remettre sur les comptes une

LES VENTES À NU *(NAKED SHORTS)* TOUJOURS TOLÉRÉES

fois la visite du régulateur terminée, selon un compte rendu détaillé de la situation rédigé par un insider du secteur, sous couvert d'anonymat[5]. Après un short selling, l'entreprise attaquée a perdu de la valeur, les acheteurs du titre ont perdu de l'argent, et des impôts ne sont pas payés. On estime qu'il y a toujours au moins cent jeunes entreprises cotées en bourse qui font les frais d'attaques *naked short* aux États-Unis. Ce type d'attaques n'est pas à confondre avec les ventes à découvert ordinaires, qui sont encore bien plus répandues, concernent pratiquement tous les titres cotés en bourse, et touchent environ 30 % du volume quotidien échangé.

---

[5] https://smithonstocks.com/illegal-naked-short-selling-appears-to-lie-at-the-heart-of-an-extensive-stock-manipulation-scheme/

IMMOBILIER : RETOUR À LA SPÉCULATION

L'immobilier américain n'est plus le moteur de croissance qu'il a été durant la décennie précédente. Car dans cette nouvelle vague de spéculation, les acteurs principaux ne sont plus les ménages à faibles revenus, mais les gros investisseurs. Leur nouvel objet de prédilection : l'immobilier de location.

Si l'immobilier a été, traditionnellement, l'actif le plus important de la fortune des ménages, ces dernières années les particuliers n'ont pas été protagonistes de la nouvelle vague de hausse. Au contraire, le taux de propriété des particuliers est tombé à 63,4 %, au plus bas depuis 1967 (contre 69,2 % en 2004), en raison de la forte hausse des prix. L'immobilier a d'ailleurs très peu progressé dans la fortune des ménages. En réalité, ce n'est plus un marché de petits débiteurs. Début 2014, Wells Fargo et JPMorgan Chase, les deux plus gros prêteurs hypothécaires, ont même fait face à une plongée des prêts immobiliers. Les conditions de financement se sont durcies pour les emprunteurs : les critères des banques sont devenus restrictifs pour plus de 40 % des emprunteurs en 2013 contre 25 % en 2001.

Comment, alors, expliquer que l'immobilier américain ne se soit pas effondré dans ces conditions ? Par l'entrée en jeu des gros investisseurs institutionnels.

Pour ces derniers, l'acquisition de biens immobiliers est au contraire facilitée, ce qui permet de soutenir le marché. Les fonds de private equity, les hedge funds, les fonds immobiliers (REIT) ont pris la relève comme propriétaires immobiliers. Une hausse de 40 % des achats en liquide par ces institutionnels a soutenu les prix immobiliers et poussé encore plus d'Américains hors du régime de la propriété. Les fonds de private equity disposent, pour leur part, de trop de liquidités depuis 2009 et ils les redéploient dans l'immobilier. Profitant de l'effondrement des prix du marché par rapport au pic de 2006, ils ont racheté massivement des objets locatifs : en effet, la demande de locataires était en forte hausse après la crise, car des millions d'entre eux devaient se reloger. Le financement à court terme que nous avons décrit plus haut permet, de plus, de magnifier les rendements de ces fonds, qui empruntent à bon marché l'argent qu'ils placent à rendement élevé dans la pierre.

Ainsi, le marché immobilier américain s'institutionnalise. Les hausses de valeur observées entre 2012 et 2014 sous la poussée de ces acheteurs rappellent même l'épisode des subprime. Le prix des maisons a progressé de 30 % entre 2012 et novembre 2015, et l'offre de maisons en location ne parvenait pas à satisfaire la demande des fonds d'investissement, tant celle-ci était forte. Signe de la frénésie acheteuse de cette période, des mécanismes illégaux pour acheter plus rapidement les maisons ou les condominiums en faillite ont été mis au jour dans la presse.

Alors que les prix sont à nouveau proches de leurs sommets de 2007, la hausse se poursuit, quoique plus lentement, avec une progression de 6 % de l'indice des

IMMOBILIER : RETOUR À LA SPÉCULATION

prix des maisons S&P/Case-Shiller entre novembre 2014 et novembre 2015.

11. L'IMMOBILIER AMERICAIN PROCHE DE SON PIC DE 2007
Évolution de l'indice Case-Shiller des prix immobiliers américains

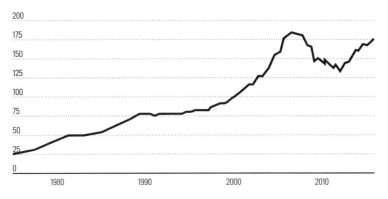

Source: Standard & Poor's Indices

Le marché de la maison familiale de location est immense, avec 14 millions d'unités à disposition, et les fonds offrent à leurs investisseurs un accès unique et simplifié à ce marché. Cela a pour effet d'accroître non seulement les prix des maisons, mais également les loyers.

Avec la stagnation des salaires moyens couplée à la hausse des prix de l'immobilier, les inégalités de richesses se creusent encore. En 2016, les maisons américaines sont devenues encore un peu moins abordables pour les particuliers à revenus moyens ou bas, qui voient leur capacité d'achat et de location se détériorer d'année en année. Un locataire américain sur quatre consacre plus de 30% de ses revenus au loyer à l'heure actuelle. Les revenus des locataires américains ont baissé presque chaque année depuis 2001, ce qui a hissé le nombre de locataires surendettés à un nouveau record en 2014, selon une étude de Harvard[1].

---

[1] http://www.jchs.harvard.edu/americas-rental-housing

En revanche, pour les investisseurs cherchant à placer leurs avoirs sur le marché locatif, le placement dans la pierre reste porteur. La nouvelle mode de la haute finance consiste à acheter des lots résidentiels et de les louer parfois même au propriétaire expulsé. Celui-ci ne peut plus payer les charges hypothécaires mais il peut encore payer un loyer élevé.

Blackstone, une firme qui compte parmi les géants du private equity, accélère le développement de ses fonds d'investissement depuis 2007 avec l'immobilier et la dette. La firme est devenue le premier propriétaire immobilier américain avec sa société de gestion, Invitation Homes LP Division, et plus de 45 000 achats de maisons en trois ans.

Ces propriétaires ont accès à une dette plus avantageuse que les particuliers. Les fonds propres fournis par les investisseurs, les liquidités du marché repo, les émissions d'obligations et les titrisations de portefeuille ne sont en effet pas accessibles aux individus.

Le financement devient plus sophistiqué et volatil. Le crédit immobilier classique a cédé la place à des notes de crédit refinançables ou à des prêts «mezzanine» (où le créancier porte plus de risque que celui de la dette senior, ou prioritaire*). Ces financements sont de plus en plus souvent placés auprès des investisseurs européens. Mais cette dette titrisée sur des lots de maisons louées est vulnérable à une hausse de taux d'intérêt, qui pourrait faire chuter la valeur de ces montages en prétéritant leur refinancement. La titrisation de ce secteur nouveau – l'immobilier de location – n'offre pas de statistiques pour mesurer les risques et les défauts. Il est dès lors difficile d'élaborer une gestion du risque avec un modèle fiable. En outre, la population des locataires de qualité n'est pas extensible. Le subprime devait permettre à des personnes non qualifiées d'accéder à la propriété. Des locataires peu solvables seront-ils admis dans la vague spéculative actuelle, et verra-t-on un nouvel épisode de crise, intitulé la crise des « subrent » ?

En Europe, l'immobilier devient aussi une alternative au marché obligataire sans risque. Son financement subit aussi une profonde mutation. Le financement de l'immobilier commercial européen, en particulier, n'est plus aux mains des banques. En 2014, les prêteurs alternatifs atteignent 40% des 182 prêteurs immobiliers commerciaux contre 16% en 2012. Les compagnies d'assurances, les fonds de private equity et les fonds de dettes sont avides d'immobilier espagnol, portugais et italien et courent après les rendements supérieurs. C'est un pari sur le redressement des zones périphériques européennes, les seules à offrir une prime sur les obligations.

Les marchés français, anglais et allemand sont financés par les nouveaux acteurs non bancaires à hauteur de 60% au premier semestre 2014. Des financements en dollars dont on ne connaît pas précisément les montages car ils ne sont pas régulés au même titre que ceux des banques.

LES *CARRY TRADES*, SOURCE D'INSTABILITÉ

Lorsqu'une banque centrale mène une politique très accomodante durant de longues années, tout l'environnement de l'investissement se modifie. Les rachats d'obligations opérés par la Fed et par la BCE ces dernières années ont eu un effet principal : ils ont fait chuter les taux d'intérêt longs. Les obligations souveraines et en général les titres obligataires sûrs voient leurs taux d'intérêt tomber au plancher, et seule la prise de risque devient rémunératrice. Les banques centrales du reste du monde, les fonds souverains, les fonds de pension et les entreprises cherchent du rendement pour leur trop-plein de liquidités, et opèrent des arbitrages entre marchés et entre juridictions pour emprunter bas et investir haut. Le surplus de cash provoque ainsi un excès de volatilité dangereux pour le marché qui tomberait en disgrâce, comme lors de la crise asiatique.

Dans ce contexte, les capitaux cherchent toujours la meilleure rémunération à court terme pour profiter des différences de taux d'intérêt entre une monnaie et une autre. Un investisseur emprunte par exemple en dollars aux faibles taux d'intérêt américains, pour replacer ensuite ces liquidités dans la monnaie d'un autre pays, souvent un pays émergent, à un taux d'intérêt plus élevé et ainsi empocher une belle marge de profit. Cette pratique se nomme le *carry trade*. L'excès de liquidité des banques centrales, sources de nombreuses stratégies spéculatives, incite également les traders à se livrer à celle-ci. La règle est simple, ne jamais investir à long terme et se retirer au moindre doute. Des déséquilibres surgissent alors, quand d'énormes masses de capitaux spéculatifs sortent en même temps d'une monnaie ou d'un indice, les laissant corriger brutalement.

Ces mouvements sont extrêmement déstabilisateurs et ont réservé des épisodes troubles à répétition : 1980, la crise de l'Amérique du Sud ; fin des années 1990, la dette russe et le Sud-Est asiatique ; 2010, la Grèce ou les pays périphériques de la zone euro. Plus récemment, l'annonce de la fin de la politique accomodante de la Fed a provoqué des mini-séismes sur les marchés émergents en 2013 et 2014, puis, au printemps 2015, un krach de 30% sur les actions chinoises. Ces mouvements très volatils s'expliquent par les corrélations fortes qui existent entre les stratégies des gros gérants de fonds, et qui se dénouent, lorsque leurs modèles de risques sonnent l'alerte, simultanément. Le carry trade est une émanation de plus des liquidités excessives de la politique de taux zéro, et des conséquences de leurs mouvements.

LE RISQUE SYSTÉMIQUE
DE LA FED

La politique des taux d'intérêt bas a généré la plus forte inflation de dette de l'histoire. La planche à billets n'a pas permis de faire repartir l'emploi et la croissance économique. Cette réalité devient claire en 2015, avec des révisions très nettes des prévisions de croissance.

Fin 2015, la croissance américaine enregistre un ralentissement brusque, s'affichant à 0,7 % pour le dernier trimestre comparé à celui de 2014.

Après sept années de taux d'intérêt 0 %, c'est-à-dire d'une politique monétaire hyper-accomodante et sans précédent dans l'histoire, les salaires moyens de la majorité des ménages n'ont pas progressé, et ont même décliné sur quinze ans si on les calcule en dollars de 2014[1]; le salaire horaire moyen s'est érodé sans cesse depuis les années 1990[2]; le taux de propriétaires immobiliers est au plus bas depuis 1967, et l'emploi n'est pas au beau fixe: il y a 761 000 chômeurs de long terme de plus qu'au début

---

[1] https://www.census.gov/hhes/www/income/data/historical/household/

[2] http://oilprice.com/Energy/Energy-General/A-Bubble-Induced-Economy-The-Wage-Gap.html

de la grande récession (2008). La dette du gouvernement américain est passée de 9000 milliards début 2007 à 20 000 milliards début 2016[3].

Certes, la fortune nette des ménages américains atteint un record de 85 000 milliards en 2015, contre 80 300 en 2014. Si l'on y regarde de plus près cependant, il s'avère que cette progression est essentiellement due à une augmentation des actifs financiers, dont seuls 1 % des ménages les plus riches bénéficient. La Fed a ainsi permis à la bourse de repartir et aux banques de se concentrer sur la gestion de fortune des plus grands patrimoines. Le pouvoir d'achat de la classe moyenne, et par conséquent l'économie au sens large, n'ont pas profité de cette politique. C'est un échec – coûteux à long terme – des politiques monétaristes des banques centrales.

Cependant, le risque qui est peu évoqué, est celui que constitue la Réserve fédérale elle-même. En effet, son bilan est à très haut risque. Il comporte, selon le dernier rapport trimestriel de l'institut[4], près de 4500 milliards de dollars d'actifs.

Sur ces 4500 milliards, 1800 milliards sont des actifs hypothécaires subprime retirés du marché pour soulager les bilans des banques lors de la dernière crise. Quelque 2500 milliards représentent des bons du Trésor, et le reste est composé de dette d'agences (obligations des organismes semi-publics de prêts immobiliers, Fannie Mae et Freddy Mac).

---

[3] https://en.wikipedia.org/wiki/History_of_United_States_debt_ceiling

[4] http://www.federalreserve.gov/monetarypolicy/files/quarterly_balance_sheet_developments_report_201503.pdf

12. LES ACTIFS DE LA FED INCLUENT 1800 MILLIARDS DE TITRES TOXIQUES
Évolution du bilan de la FED: de 800 à 4500 milliards

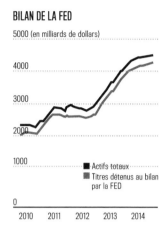

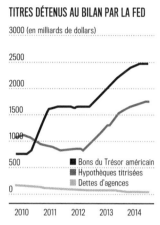

Source: Réserve fédérale américaine

Mais le plus invraisemblable est le montant des fonds propres de la Fed : 58 milliards de dollars. Cela veut dire que les fonds propres du bilan de la Fed ne couvrent que 1,3% ses actifs, ou en d'autres termes que ses actifs représentent près de 80 fois ses fonds propres ! Un tel niveau de levier est supérieur au bilan de l'UBS au sommet de la crise des subprime. Pour mémoire, les fonds propres au bilan de l'UBS ne représentaient en 2008 que 1,6% du total de ses actifs, ce qui signifiait qu'elle investissait 60 fois ses fonds propres. Et c'était l'effet de levier le plus élevé du secteur bancaire. On a qualifié l'UBS de hedge fund à l'époque ; le bilan de la banque centrale américaine a dépassé ce levier ! Certes, en théorie il n'y a pas de limites à l'expansion du bilan d'une banque centrale. Tant qu'elle achète des actifs, la taille de son bilan augmentera.

Mais les fonds propres ne sont pas un élément à prendre à la légère. La Banque nationale suisse (BNS), par exemple, se voit reprocher le fait que ses fonds propres ne représentent plus que 7% de son bilan, depuis qu'elle a procédé à des achats massifs d'euros. Que dire de la Fed et de ses 1,3% ?

En outre, la Fed veut, à terme, décharger son bilan d'une bonne partie de ses actifs, et notamment de cette dette hypothécaire titrisée, afin de normaliser la taille de son bilan. Ce dernier était de 870 milliards en 2007, juste avant la crise, avec 31 milliards de fonds propres. Ces derniers représentaient donc 3,6% des actifs, ce qui était déjà très bas. La Fed peut-elle se trouver en situation d'insolvabilité ? En pratique, non car elle peut toujours créer de la monnaie pour se renflouer[5]. Toutefois, la qualité des actifs au bilan de la Fed s'est fortement modifiée depuis 2007. Les bons du Trésor à long terme et les actifs toxiques sont particulièrement risqués en cas de hausse des taux d'intérêt. Si les taux d'intérêt longs devaient monter, les titres au bilan de la Fed perdraient en valeur. En effet, les hypothèques titrisées et les bons du Trésor se dévaluent lorsque les taux à dix ans augmentent. La perte de valeur des titres au bilan de la Fed peut être à l'origine d'une situation d'insolvabilité[6]. Or la Fed ne contrôle pas les niveaux des taux à dix ans, qui dépendent de facteurs internationaux, comme le reconnaît sa présidente Janet Yellen. Créer plus de monnaie pour faire face à ses obligations est certes le privilège dont dispose une banque centrale et qui peut, dans ce cas, la tirer d'affaire. Mais cela a un coût : l'inflation engendrée par l'expansion monétaire, qui représenterait un coût pour le contribuable, et qui affaiblirait encore la valeur du dollar.

---

[5] http://www.cepr.org/sites/default/files/policy_insights/PolicyInsight24.pdf

[6] http://www.heritage.org/research/reports/2014/08/quantitative-easing-the-feds-balance-sheet-and-central-bank-insolvency#_ftn12

LE RISQUE SYSTÉMIQUE DE LA FED

Ainsi, bien que la Fed puisse en théorie supporter une insolvabilité de son bilan indéfiniment, le scénario d'une combinaison de pertes sur ses titres, d'inflation en hausse, et de déficits fédéraux en hausse peut réduire la marge de manœuvre de la Fed et serait source de risques pour la stabilité du système. Si le Trésor devait intervenir pour renflouer la Fed car elle n'est plus en mesure d'imprimer de l'argent de façon crédible, et que le gouvernement fédéral est lui-même en déficit et doit payer des taux d'intérêt plus élevés, la seule option serait pour le gouvernement d'émettre de la nouvelle dette et d'en transférer le produit ou les titres eux-mêmes à la Fed. Un tel renflouement de la Fed exigerait presque à coup sûr une intervention du Congrès. L'indépendance opérationnelle de la Fed n'en sortirait pas indemne. Au final, ce serait la crédibilité nationale et internationale de la Fed, ainsi que la confiance dans le dollar, qui seraient remis en cause.

La solution logique serait, pour la Fed, de commencer rapidement à réduire la taille de son bilan, pour se débarrasser des risques que lui posent ces titres. Cette solution est préconisée par quelques observateurs de la Fed, qui estimeraient raisonnable qu'elle annonce un programme de vente de six ans de ses actifs; par exemple, 45 milliards de dette immobilière titrisée seraient écoulés chaque mois.

Or ce signal serait extrêmement baissier pour le marché obligataire. Il n'y a pas d'acheteurs sur le marché pour la dette immobilière de faible qualité de génération 2003-2007, et encore moins dans un environnement d'incertitude concernant les taux d'intérêt. Vendre des montants conséquents de bons du Trésor ferait grimper en flèche les taux d'intérêt longs et déstabiliserait la bulle du crédit. En réalité, plutôt que d'acheter ce que vend la Fed, les spéculateurs suivraient cette dernière, comme ils l'ont toujours fait : lorsqu'elle achète, ils « co-achètent », pariant massivement sur la hausse. Et si elle vend, les gros investisseurs vendront naturellement aussi. Il n'y a donc pas de marché acheteur, d'autant que les banques centrales étrangères ont moins besoin de dollars dans leurs réserves, avec la chute des prix du pétrole et le risque des taux d'intérêt posé à l'avenir.

Dès lors, il resterait à la Fed à vendre malgré tout, tant que les taux sont encore bas, quitte à perdre de l'argent lors de ces ventes, pour éviter le scénario alternatif des risques encore plus élevés de perte d'indépendance et de hausse de l'inflation que pose le maintien de ces titres sur son bilan.

À moins d'émettre une hypothèse fantaisiste : la Fed pourrait-elle utiliser les dark pools pour se décharger confidentiellement de ses reliquats de subprime, sans que les prix du crédit n'en soient affectés et sans que tout le marché de la dette ne s'effondre ? Même confidentiellement, qui achèterait des actifs au sommet d'une bulle de crédit, qui ne peuvent que se déprécier à l'avenir, même s'ils sont offerts à une substantielle décote ? Les prochains rapports financiers de la Fed nous diront comment elle a réglé (ou non) ce problème, et à quel prix.

LES TAUX NÉGATIFS, OU L'INVERSION DE PARADIGME

Après que la Banque centrale européenne (BCE) a décidé de passer aux taux d'intérêt négatifs, abaissant fin 2015 son taux de dépôts à –0,3 %, il n'est pas exclu, à terme, de voir la banque centrale des États-Unis se décider à en faire de même. Ces institutions veulent décourager l'épargne, encourager la consommation et l'endettement, inciter les banques à prêter à l'économie, affaiblir la monnaie. Mais cette politique ne fait pas ses preuves, pour l'heure, à part augmenter la dette spéculative (utilisée pour spéculer sur les marchés financiers).

Les taux négatifs créent par ailleurs des conséquences encore plus désastreuses pour l'économie. Car avec cette politique monétaire, tout le paradigme économique s'inverse.

Les épargnants sont sanctionnés pour le fait d'économiser.

Les débiteurs sont récompensés pour le fait de s'endetter.

Des distorsions préoccupantes se préparent pour les économies du G7 engagées sur cette voie qui prive durablement l'économie d'un coût du capital et d'un rendement de l'épargne.

Une autre conséquence qui fait déjà des dégâts est la fragilisation du système financier.

En mai 2015, le troisième plus gros risque identifié par la BCE est celui de la faible rentabilité des banques et des assurances, dont les profits ont été lourdement affectés par les taux d'intérêt bas qui ont prévalu depuis la crise financière, et encore plus à présent que les taux d'intérêt deviennent négatifs.

C'est un contrecoup fâcheux de la politique d'assouplissement quantitative : d'un côté, les taux d'intérêt négatifs affectent lourdement les marges d'intérêt des banques ; d'un autre côté, les rachats obligataires massifs des banques centrales font baisser les rendements qu'encaissent les banques et les assurances qui détiennent des emprunts d'État, ce qui à terme peut affecter la capacité des assureurs et des institutions de prévoyance à remplir leurs engagements envers leurs assurés.

La BCE, en rachetant pour 1 100 milliards d'euros d'obligations de la zone euro à partir de janvier 2015, a entraîné les rendements obligataires à la baisse, et ceux de pays comme l'Allemagne se traitent désormais à des rendements négatifs.

Pour les assureurs, il devient dès lors difficile d'engranger assez de gains pour couvrir leurs engagements.

À l'origine de cette situation, les craintes de déflation en Europe, où la Banque centrale veut à tout prix éviter le scénario à la japonaise, soit quinze ans de croissance anémique alimentée par une dette colossale. Un scénario dont personne ne voudrait. La Banque centrale européenne procède donc à une dévaluation compétitive de l'euro et baisse les taux d'intérêt jusqu'à un plancher record le 5 juin 2014. Le taux directeur passe sous zéro, à −0,10 %, le taux de refinancement* à 0,15 % et le taux marginal de prêts* à 0,40 %.

En juin 2016, la BCE va plus loin, et devient donc la première à jouer avec le feu des taux négatifs. Elle les abaisse à −0,2 %. Cela signifie qu'elle impose une taxe de 0,2 % sur les réserves que les banques ont parquées auprès d'elle.

Peu de banques ont réussi à transférer ces coûts à leurs clients (en leur facturant des intérêts plus élevés sur les crédits octroyés, ou en leur imposant des taux négatifs sur leur compte épargne) et ce sont leurs marges qui en ont subi le contrecoup.

C'est le nouveau régime qui se met en place dans toutes les économies du G7 dès 2016. Les États-Unis vont-ils suivre ?

Pour l'heure, les marchés financiers ont rendu un verdict négatif au sujet de ces politiques, répondant par une quasi-panique boursière, et allant se réfugier dans l'or.

À l'origine de la chute des indices boursiers au début de 2016, se trouve la crainte que les banques soient fortement affectées, au niveau de leurs résultats, par les taux d'intérêts négatifs. Alors que les banques centrales espèrent que les établissements vont être incités par ces taux négatifs à faire davantage crédit à l'économie, les investisseurs, eux, craignent que les banques perdent beaucoup d'argent, et vendent par conséquent les actions des banques.

Et ce ne sont pas seulement les banques qui vont pâtir des taux négatifs : environ un quart de l'économie mondiale vit actuellement avec des taux inférieurs à zéro, avec plus de 7000 milliards de dettes gouvernementales aux rendements négatifs qui, non seulement ne rapportent rien aux épargnants et aux investisseurs (qui peuvent être des fonds de pension et des assureurs), mais qui coûtent de l'argent à ces derniers : ils doivent littéralement payer pour prêter de l'argent à ces États, ce qui est une aberration économique.

L'exemple du Japon ne doit pas être oublié. Dans ce pays, l'assouplissement monétaire a simplement cessé de fonctionner. Au début de 2016, la Banque du Japon a baissé les taux d'intérêt en dessous de zéro. Pour quel résultat ? Les actions japonaises ont certes grimpé durant deux jours, puis la bourse a perdu 14 %, avec le secteur bancaire en particulier en baisse de 28 %.

Entre 2009 et 2016, les taux d'intérêt en baisse constante ont permis d'affaiblir les monnaies, de stimuler la dette, l'investissement, et même en partie les bénéfices des entreprises. Mais la politique d'argent facile atteint ses limites lorsque la valorisation de tous les actifs devient trop élevée, et que le risque accumulé dans le système devient maximal, sans plus aucune munition monétaire restante pour le soutenir à l'avenir.

Un taux d'intérêt a une utilité centrale dans une économie. Il détermine la valeur-temps des choses, en récompensant l'attente par rapport à la consommation immédiate. Il permet, en somme, de différencier le prix d'une prestation obtenue dans l'immédiat plutôt que dans le futur. Comme la plupart des consommateurs préfèrent obtenir l'objet de leur désir dans l'immédiat, le taux d'intérêt se fixe en fonction du prix que ces derniers sont prêts à payer pour obtenir l'objet maintenant plutôt que demain. Si l'on attend, le bien ou service devient moins cher. Si l'on ne peut attendre, on paie la valeur du temps gagné.

Avec des taux d'intérêt négatifs, le paradigme économique et la valeur-temps s'inversent. Le consommateur doit choisir entre obtenir une voiture aujourd'hui et 1000 dollars (d'intérêts théoriques), ou obtenir une voiture dans une année, sans les 1000 dollars. Qui choisira l'option dans une année ? Personne. Dès lors, on dérègle le signal qui est central pour les producteurs, les consommateurs, les entrepreneurs et les investisseurs.

Des taux d'intérêt gérés par l'État et artificiellement bas encouragent de mauvaises décisions de consommation et d'investissement, et sanctionnent toute forme de prudence financière, d'épargne et de sécurité pour parer aux risques futurs.

Les taux d'intérêt, enfin, doivent être fixés par le marché, et non par une planification centralisée des gouvernements, dans un système libéral caractérisé par l'économie de marché.

Actuellement, un épargnant européen ou américain est conscient que la banque centrale veut créer 2% d'inflation, et donc dévaluer son épargne de 2% chaque année. Il sait que la monnaie papier qu'il détient perdra donc de la valeur chaque année, et que s'il dépose son argent – qui se déprécie – à la banque, il ne touchera pas d'intérêt, voire perdra de l'argent en termes réels. Il risquera aussi de voir son épargne ponctionnée dans le cadre de mesures d'assainissement de sa banque, une mesure désormais entérinée en Suisse et en Europe. Pour cette raison, il n'aura pas non plus tout à fait confiance dans l'utilisation d'un coffre bancaire. Enfin, la banque ne lui offrira pas la possibilité de retirer autant de cash qu'il le veut sur son compte bancaire.

Faut-il s'étonner de l'essor des coffres non bancaires – un autre pan de la finance de l'ombre – pour lesquels optent de nombreux particuliers qui y déposent leurs avoirs liquides et leurs biens tangibles, tels que des lingots d'or ?

Le plus gros risque, avec les taux négatifs, c'est assurément qu'ils vont inciter à une prise de risque encore plus grande. Nous avons identifié, tout au long de cet ouvrage, les taux 0% comme étant la principale incitation pour le système financier à se surendetter à des fins spéculatives. Avec des taux négatifs, il est rémunérateur de s'endetter, et il est coûteux d'épargner : on inverse la logique économique. L'épargne, ce n'est pas seulement le compte épargne, mais c'est aussi nos caisses de retraite et notre troisième pilier. À l'heure actuelle, les fonds de pension et les assureurs ne savent pas où placer l'épargne de leurs assurés, car les obligations sûres (gouvernementales) représentaient un actif essentiel pour placer l'épargne des deuxième et troisième piliers. À présent, elle ne permet plus de générer les rendements miminaux permettant aux institutions de prévoyance d'assurer leurs engagements auprès de leurs cotisants. L'épargne est donc la grande perdante du régime des taux négatifs.

Dans la fuite en avant qui caractérise les politiques monétaires modernes, il s'agit de croître uniquement à travers l'endettement, quand bien même on se trouve dans un système déjà surendetté. La progression de la finance de l'ombre promet de suivre une courbe exponentielle. Jusqu'à l'explosion inévitable.

CONCLUSION : ÉCHEC ET MAT

En conclusion, la croissance a été achetée à crédit, et la hausse des marchés a été achetée à crédit.

La Fed doit à présent faire face à cette réalité. Une récession approche aux États-Unis. Le secteur manufacturier est déjà officiellement en récession. Or c'est un mythe de croire que l'économie américaine ne repose presque plus que sur les services : en réalité, les entreprises qui gagnent le plus de bénéfices sont celles de la production industrielle.

La Fed évite d'évoquer le risque de récession, car elle estime qu'en parler accélérerait cette dernière, en incitant les consommateurs et les investisseurs à se méfier de consommer. Or le pire est la manipulation des perceptions. Pourquoi ? Parce qu'un consommateur qui aura acheté une voiture juste avant de perdre son emploi et qui n'aura pas été prévenu des risques de récession, est celui qui en subira le plus les conséquences, contrairement à un consommateur qui aura le temps de s'y préparer.

Il faudrait donc accepter de laisser l'économie refluer, et les marchés financiers corriger, plutôt que de réendetter encore davantage la finance et l'économie. L'économiste Ludvig von Mises a démontré qu'une récession, loin d'être une aberration étrange et inexplicable à combattre, est réellement un processus nécessaire par lequel l'économie de marché se purge des mauvais investissements effectués lors du boom, et revient aux justes proportions de consommation et d'investissement qui satisfont les consommateurs de la manière la plus efficiente.

L'enseignement de Ludvig von Mises permet d'énumérer les bénéfices suivants lors d'une récession[1] :

- Les structures sclérosées du marché du travail se défont et les coûts du travail diminuent.
- La productivité et la compétitivité augmentent.
- Les mauvaises allocations sont corrigées et les investissements non profitables sont abandonnés, amortis, et liquidés.
- La mauvaise gestion étatique de l'économie est exposée.
- Les investisseurs et entrepreneurs qui prenaient trop de risques essuient des pertes et les prix s'ajustent pour refléter les préférences des consommateurs.
- Les récessions permettent aussi une restructuration des processus de production.

Même si les économies développées ont désormais pour doctrine de refuser l'idée de récession, et d'y préférer des solutions étatiques très poussées, elles-mêmes créatrices d'un risque systémique majeur, la récession peut tout de même s'inviter dans le scénario de 2016 ou de 2017. La Fed anticipe une récession américaine uniquement dans son scénario du pire, comme s'il n'était pas démontré que, tous les sept ou huit ans, des récessions se déclarent avec la régularité d'un métronome, surtout

---

[1] https://mises.org/blog/mises-daily-wednesday-why-we-need-recession

CONCLUSION : ÉCHEC ET MAT

lorsqu'une intervention massive de politique monétaire a créé une bulle de crédit qui rend les États-Unis et l'Europe particulièrement vulnérables. Actuellement, les économies du G7 sont généralement fragiles, car des emplois moins bien rémunérés et plus précaires se créent, et davantage de ressources sont allouées aux secteurs qui profitent de l'inflation des prix des actifs boursiers et immobiliers.

Les options en termes de politique monétaire sont, à vrai dire, très minces.

Chaque programme d'assouplissement monétaire a été moins efficace que le précédent en termes de création d'inflation ou de relance de la croissance.

Une inflation très importante des actifs financiers et immobiliers a par contre résulté de ces politiques, et empêche la Fed de normaliser ses taux d'intérêt comme elle le voudrait : le risque de krach est trop élevé.

Ces prochains mois, la Fed pourrait signaler qu'elle ne relèvera pas les taux car il existe un risque de récession et de déflation. En revanche, opter pour un quatrième assouplissement quantitatif aux États-Unis pourrait bien être la tentative de trop, ainsi que l'instauration de taux d'intérêt négatifs, qui créeraient encore plus de dette et donc de risque, pour des gains de croissance peu convaincants.

LA FINANCE DE L'OMBRE A PRIS LE CONTRÔLE

Press Release

FEDERAL RESERVE press release

Release Date : January 28, 2016
For release at 4:00 p.m. EDT

The Federal Reserve Board on Thursday released the supervisory scenarios for the 2016 Comprehensive Capital Analysis and Review (CCAR) and Dodd-Frank Act stress test exercises and also issued instructions to firms participating in CCAR. This year, CCAR will include 33 bank holding companies with $50 billion or more in total consolidated assets.

CCAR evaluates the capital planning processes and capital adequacy of the largest U.S.-based bank holding companies, including the firms' planned capital actions such as dividend payments and share buybacks and issuances. The Dodd-Frank Act stress tests are a forward-looking component to help assess whether firms have sufficient capital. Strong capital positions can absorb losses and help ensure that banking organizations have the ability to lend to households and businesses even in times of financial and economic stress.

Financial institutions are required to use the supervisory scenarios in both the stress tests conducted as part of CCAR and those required by the Dodd-Frank Act. The outcomes are measured under three scenarios: severely adverse, adverse, and baseline.

"In adjusting the scenarios for our yearly stress testing program, we strive to assess the resilience of the nation's largest banks in a variety of potential adverse environments", Governor Daniel K. Tarullo said. «It is important that the tests not to be too predictable from year to year.»

For the 2016 cycle, the severely adverse scenario is characterized by a severe global recession in which the U.S. unemployment rate rises five percentage points to 10 percent, accompanied by a heightened period of corporate financial stress and negative yields for short-term U.S. Treasury securities. The adverse scenario features a moderate recession and mild deflation in the United States, as well as weakening economic activity across all countries included in the scenario. The adverse and severely adverse scenarios describe hypothetical sets of events designed to assess the strength of banking organizations and their resilience. They are not forecasts. The baseline scenario follows a similar profile to average projections from surveys of economic forecasters. It does not represent the forecast of the Federal Reserve.

Un affaiblissement du dollar pourrait soulager l'économie américaine, mais toutes les grandes monnaies (Chine, Japon, zone euro, Suisse) sont engagées dans une dévaluation, ce qui signifie qu'aucun pays ne contrôle vraiment les taux de change.

CONCLUSION : ÉCHEC ET MAT

Reste la seule possibilité qui peut relancer la consommation : augmenter le pouvoir d'achat des salariés pour recréer une classe moyenne au sens large aux États-Unis et en Europe. Mais cela, c'est ce que les politiques économiques auraient dû privilégier dès le départ, et qu'elles ont justement négligé au profit du gonflement des marchés boursiers. À l'heure actuelle, les effets déflationnistes de la net-économie et de l'inflation nulle, voire négative, sont favorables au pouvoir d'achat des ménages. Mais l'écart continue de se creuser entre l'économie financiarisée et ses énormes envolées et krachs, et l'économie réelle avec des salaires stagnants et une épargne défavorisée.

Enfin, pour revenir au sujet qui nous a occupés tout au long de ce livre – la finance de l'ombre – il est évident que la gouvernance du secteur financier doit être beaucoup plus englobante et ne pas se limiter à une petite partie de cet univers.

Il est essentiel, pour assurer la stabilité financière, que les régulateurs prennent des mesures qui réduisent en amont les probabilités de crise, c'est-à-dire qui limitent les possibilités de formation de méga-bulles spéculatives, au lieu de prendre uniquement les mesures qui éteignent l'incendie une fois que le feu est déjà allumé, voire une fois que tout a brûlé. Or il est clair, à la lumière de l'exposé qui précède, que les régulateurs se concentrent actuellement sur une petite partie de l'univers de la finance. Dès les années 1990, et surtout après la crise de 2008, a émergé le concept de « banque trop grande pour faire faillite ». On pensait avoir identifié le principal agent de risque systémique dans le secteur financier. Or ces banques systémiques sont devenues presque secondaires, aujourd'hui, par rapport aux institutions qui opèrent dans l'ombre (certaines d'ailleurs comme les dark pools étant opérées

LA FINANCE DE L'OMBRE A PRIS LE CONTRÔLE

en partie par les mêmes grandes banques, ce qui atteste de l'interpénétration des deux univers). Les régulateurs ignorent une grande partie des paramètres de ces acteurs de l'ombre et ces marchés qui présentent le risque systémique le plus significatif, et se contentent de leur infliger des amendes ponctuelles et indolores. Le système du shadow banking était en place avant la dernière crise, déjà, et l'État n'est intervenu qu'au moment du sauvetage, qui coûte à tous, et ne prévient aucunement ces coûts.

On surveille la finance de l'ombre, mais on ne la régule pas. Une restriction des prêts immobiliers, des activités hors bilan et du vaste échafaudage du financement à court terme, en amont de la catastrophe, aurait eu un effet moins désastreux.

Il est temps de mettre en place une gouvernance appropriée pour les bourses non transparentes, les acteurs non bancaires de la spéculation, les marchés du financement à court terme, et de faire sortir de l'ombre le shadow banking. Il est en outre important d'inclure l'immobilier dans le concept de marchés financiers d'importance systémique, ainsi que tout autre actif aux risques équivalents, comme les matières premières.

Au final, le système doit sortir du cycle infernal bulle/krach, bulle/krach. Cela ne pourra se faire que lorsque les taux d'intérêt seront normalisés.

Le retour à une stabilité monétaire, avec des taux d'intérêt normalisés (autour des 3%) sera, obligatoirement, très douloureux. Voire impossible. Les banques centrales le savent. En Europe, le shadow banking est aussi important qu'aux États-Unis. Dans les deux cas, les politiques monétaires sont dans un dilemme dramatique qui les voit enfermées dans la logique des taux bas, voire négatifs.

CONCLUSION : ÉCHEC ET MAT

Mais le retour des taux d'intérêt est indispensable. Il mettra au jour des investissements qui semblaient tenir la route lorsque les taux d'intérêt étaient inexistants, mais qui s'avèrent très largement insolvables dès que ces mêmes taux remontent. Ceci représentera un coût élevé, mais moins élevé que si la fuite en avant se poursuit, et que la bulle de la dette gonfle encore.

La normalisation des taux d'intérêt de la Fed, seule, ramènera la quantité de crédit disponible à des proportions normales, et le risque systémique à des dimensions gérables. Alors l'épargne sans risque pourra à nouveau renaître, et l'incitation à la spéculation et à la prise de risque diminuera. La responsabilité des banques centrales dans cet assainissement nécessaire est ici évidente. Au lieu d'être des super-génératrices de liquidités spéculatives, les banques centrales doivent viser à rediriger l'argent vers l'économie productive, les secteurs porteurs, la reconstitution de la classe moyenne et la croissance de leur pouvoir d'achat. C'est par là que l'économie renaîtra, et c'est l'unique solution pour éviter une stagnation perpétuelle, où les marchés varieront entre excès et dépression, et où un nombre toujours plus grand de consommateurs quittera le circuit de l'économie et de l'épargne.

En effet, il ressort immanquablement de toute cette analyse que c'est l'environnement de taux d'intérêt à 0% qui a stimulé la montagne de dettes à court terme, de levier et de flux spéculatifs qui fait aujourd'hui de l'ombre à la finance régulée.

De nombreuses questions restent ouvertes. Allons-nous battre le record de la crise de 1929 ? Celle de 2007-2008 est derrière nous. 2009 a été l'année d'un rebond phénoménal (porté par la Fed). 2010 devait marquer le retour à la normale, avec la sortie officielle de récession des

États-Unis, mais c'est la crise de l'euro, avec la Grèce dans son épicentre, qui prend la relève. 2011 a fait craindre le pire avec l'instabilité extrême de la zone euro, et c'est en mai 2012 que le système financier retrouve le calme, au prix de la promesse d'intervention illimitée, s'il le faut, de la Banque centrale européenne. En 2014, la fin de la politique monétaire accomodante de la Fed a provoqué de violentes sorties de capitaux des marchés émergents. En 2015, krach de l'industrie du pétrole de schiste aux États-Unis : la moitié des acteurs du secteur sont éliminés du marché. En Europe, un nouvel épisode de crise grecque mène le pays au bord de la rupture avec l'Europe et déstabilise les économies développées. Au même moment, l'économie chinoise montre des signes de ralentissement et d'instabilité de son système bancaire. Mais surtout, l'échec des politiques monétaires accomodantes est évident : en Europe comme aux États-Unis, la croissance ralentit et la déflation guette, après des années d'argent facile et d'interventions massives des banques centrales.

Il faut désendetter une économie lorsqu'il y a trop peu d'actifs pour trop de dette et trop de produits financiers artificiels. Qui parle actuellement de désendettement ? La tentation est grande de réendetter davantage.

Deux philosophies s'affrontent : la philosophie anglo-saxonne de la liquidité et de la croissance économique basée sur la dette, et la philosophie allemande de l'austérité et de la restructuration compétitive. Pour l'heure, la philosophie gagnante est la première ; ou plutôt, la première est en train d'échouer, mais les banques centrales ne lui connaissent aucune alternative.

L'avenir ? Il est fait d'un mélange détonnant d'inflation des marchés financiers et de déflation de l'économie réelle.

CONCLUSION : ÉCHEC ET MAT

Conséquence de la philosophie gagnante, celle de l'école monétariste, les marchés financiers sont devenus hyper dépendants des banques centrales.

En raison du surendettement structurel qui résulte de l'addiction aux taux d'intérêt bas à négatifs, une récession de l'ensemble de l'économie peut être provoquée par la chute des prix des actifs.

On sait ce qui se passe quand les taux remontent : un krach similaire à 2008. Mais il nous reste à découvrir ce qui se passe quand les taux ne remontent pas.

Vous vous demandiez peut-être, comme nous, quel avait été le prix de ces huit années d'argent facile, c'est-à-dire d'assouplissements quantitatifs par la banque centrale américaine, puis celle européenne ?

Le prix, le voilà. Les rachats d'obligations à hauteur de 4500 milliards de dollars par la Fed, puis à hauteur de 3000 milliards d'euros (jusqu'ici) par la BCE, accompagnés de taux d'intérêt 0 %, ont créé un marché gigantesque pour s'endetter et investir dans tous types de dettes, la galaxie des dettes étant portée par les rachats obligataires des banques centrales : dette souveraine, dette immobilière, dette d'entreprises, dette défaillante (distressed), dette structurée, rachats d'entreprises financés par la dette (leveraged buyout), tout un univers sur lequel s'est échafaudée une bulle phénoménale, dont la seule part qui échappe aux règles bancaires de couverture prudentielle atteint 80 000 milliards de dollars (au moins), l'univers total étant beaucoup plus grand. Le total de la dette souveraine, d'entreprises et des particuliers au niveau mondial atteint 200 000 milliards de dollars. Et à présent, cette bulle de dette sans précédent empêche, a priori à tout jamais, les banques centrales de remonter les taux d'intérêt. Échec et mat. La finance de l'ombre a pris le contrôle.

« Pour ma part, je n'ai pas vu et n'ai pas apprécié ce qu'étaient les risques de la titrisation, des agences de notation, du système de la finance de l'ombre, des véhicules hors bilan – je n'ai rien vu venir de tout cela jusqu'à ce que ce soit arrivé. » *(Traduit de l'anglais par l'auteur)*

Janet Yellen, présidente de la Fed, 15 novembre 2010 (déclaration enregistrée lors de son audition à la Commission d'enquête sur la crise financière, alors qu'elle était vice-présidente de la Fed)[1].

« Certaines choses bénéficient des chocs ; elles prospèrent et croissent lorsqu'elles sont exposées à la volatilité, au hasard, aux désordres, aux facteurs de stress, et aiment l'aventure, le risque, l'incertitude […] Appelons ces choses "antifragiles". » *(Traduit de l'anglais par l'auteur)*

Nassim Nicholas Taleb, *Antifragile*, Random House, 2012.

---

[1] http://www.nytimes.com/2013/08/14/business/economy/careers-of-2-fed-contenders-reveal-little-on-regulatory-approach.html ?_r=0

ÉCHELLE DE NOTATION FINANCIÈRE SELON LES PRINCIPALES AGENCES DE NOTATION

SIGNIFICATION DE LA NOTE	Moody's		Standard & Poor's		Fitch Ratings		Dagong[1]	
	Long terme	Court terme	Long terme	Court terme	Long terme	Court terme	Long terme	Court terme
Prime Première qualité	Aaa	P-1	AAA	A-1+	AAA	F1+	AAA	A-1
High grade Haute qualité	Aa1		AA+		AA+		AA+	
	Aa2		AA		AA		AA	
	Aa3	Prime -1	AA–		AA–		AA–	
Upper medium grade Qualité moyenne supérieure	A1		A+	A-1	A+	F1	A+	
	A2		A		A		A	
	A3	P-2	A–	A-2	A–	F2	A–	A-2
Lower medium grade Qualité moyenne inférieure	Baa1		BBB+		BBB+		BBB+	
	Baa2	P-3	BBB	A-3	BBB	F3	BBB	A-3
	Baa3		BBB–		BBB–		BBB–	
Non-investment grade, speculative Spéculatif	Ba1		BB+	B	BB+	B	BB+	B
	Ba2		BB		BB		BB	
	Ba3		BB–		BB–		BB–	
Highly speculative Très spéculatif	B1	Not prime	B+		B+		B+	
	B2		B		B		B	
	B3		B–		B–		B–	
Risque élevé	Caa1	Non prime	CCC+	C		C		C
Ultra spéculatif	Caa2		CCC		CCC		CCC	
En défaut, avec quelques espoirs de recouvrement	Caa3		CCC–					
	Ca		CC		CC		CC	
			C/CI/R		C		C	
En défaut sélectif	C		SD	D	RD	D	D	D
En défaut			D		D			

Source : Wikipédia

---

[1] Agence de notation chinoise.

LEXIQUE

Actif réel: nous employons ces termes pour distinguer les titres que l'on peut obtenir sur le marché boursier, comme une action ou une obligation, d'un produit dérivé qui ne fait que parier sur les mouvements d'actions ou obligations sous-jacentes, que l'investisseur dans ce produit dérivé ne détient pas physiquement.

Actifs: toutes les valeurs mobilières ou immobilières dans lesquelles on peut investir. En général, on distingue les actifs physiques, ou tangibles, comme l'immobilier, l'or, les matières premières ou les œuvres d'art, des actifs boursiers, comme les actions, les obligations ou les devises.

Actifs financiers et immobiliers: les actifs financiers sont les titres cotés en bourse; les actifs immobiliers sont les propriétés résidentielles et commerciales. Ces deux types d'actifs se distinguent par la forte inflation de leurs prix lors des politiques monétaires accommodantes, comme celle qui dure depuis 2009 en Europe et aux États-Unis.

Appel de marge: lorsqu'un investisseur emprunte de l'argent à son courtier pour l'investir sur les marchés, en déposant une garantie, l'appel de marge intervient lorsque le portefeuille d'investissement ou le collatéral perd de la valeur, déclenchant l'exigence du versement d'un complément de dépôt de garantie au créancier, pour couvrir la dépréciation des actifs sur lesquels le crédit est gagé.

***Asset managers*:** ce terme anglais désigne les gérants d'actifs, ces firmes qui gèrent des fonds de placement pour des clients principalement institutionnels, comme les caisses de pension, mais aussi pour les investisseurs individuels.

Bulle financière: une bulle financière ou bulle boursière existe lorsque les indices boursiers augmentent à des niveaux tels qu'ils ne reflètent plus les perspectives bénéficiaires des entreprises cotées.

Bulle immobilière: se dit lorsque la valeur des biens immobiliers d'une région ou d'un pays augmente très fortement, pour atteindre des niveaux irréalistes. Par exemple, les prix des maisons aux États-Unis s'envolent de 50 % entre 2000 et 2005, aidés par le gonflement de la dette hypothécaire à taux très bais. Entre 2003 et 2005, le volume de dette hypothécaire américaine a augmenté de 3700 milliards de dollars, soit l'équivalent de toutes les hypothèques existantes en 1990 et la flambée des prix des maisons permet de la refinancer sans cesse.

Call: il fait partie de la grande famille des produits dérivés. Il consiste en une option d'achat. Celle-ci confère le droit à l'investisseur d'acquérir une action, appelée dans ce cas le « sous-jacent », à un prix fixé à l'avance (prix d'exercice, aussi appelé **strike**) et à une date déterminée, appelée date d'échéance de l'option.

Capital-investissement: titre sur lequel se base un produit dérivé.

Capital-risque: argent investi dans des entreprises en démarrage.

Carry trades: une stratégie financière qui consiste à emprunter de l'argent à un taux d'intérêt bas pour l'investir dans un actif à rendement élevé. Cette stratégie est courante sur le marché des devises, où l'on emprunte par exemple en dollar ou yen (pays où les taux d'intérêt sont très bas), pour investir dans une monnaie à taux d'intérêts élevés, typiquement dans un pays émergent, par exemple à travers les obligations de ce pays.

CDO: c'est le sigle des *Collateralized Debt Oblig*ations, ou obligations titrisées. Il s'agit du produit financier au centre de la crise des subprime. Le CDO est un paquet de dettes hypothécaires de qualités diverses, dont la note de crédit était en général plus élevée que les notes des hypothèques individuelles comprises dans ce paquet.

CoCo bonds (Contingent Convertible bonds): il s'agit d'obligations qui peuvent être converties en actions si un événement spécifique survient. C'est pourquoi on les appelle «obligations convertibles contingentes», parce que leur convertibilité en actions se produit seulement dans certains cas. L'utilité de ces titres est qu'ils peuvent être utilisés comme capital réglementaire au bilan des banques. Si la banque voit la qualité de ses fonds propres se détériorer, les CoCo se convertissent en actions, ce qui renforce le capital. Le problème est que pour l'investisseur qui a acheté des CoCo en pensant détenir des obligations sûres se retrouve alors avec des actions.

Collatéral (en anglais *collateral*): ensemble des actifs, titres ou liquidités, remis en garantie par un débiteur auprès d'un créancier afin que ce dernier couvre le risque de crédit lié au débiteur. En cas de défaillance du débiteur, le créancier a le droit de conserver les actifs remis en collatéral afin de se dédommager de la perte financière subie.

Collateralized Loan Obligation (CLO): c'est un produit contenant des créances douteuses de différentes entreprises, mélangées et découpées en tranches de qualités diverses. Si l'investisseur achète une tranche risquée, il reçoit un rendement élevé. S'il investit dans une qualité supérieure, il reçoit un rendement plus faible.

Covenant lite (ou cov-lite): contrat de prêt dénué des garanties et des sûretés usuelles pour le créancier, qui prend ainsi un risque accru sur son prêt.

Credit Default Swaps (CDS): produit dérivé permettant de se couvrir contre le risque de défaut d'une entreprise ou d'un Etat, qui est également utilisé pour spéculer sur le risque de défaut.

LEXIQUE

Crowdfunding : financement participatif lors duquel une entreprise en démarrage sollicite des prêts du public à travers une plateforme internet, ce qui lui permet de se développer. Quant aux particuliers, ils touchent un taux d'intérêt ou participent au capital de l'entreprise à travers leur mise de fonds.

Dark pools : la traduction littérale serait les « bassins noirs » ; il s'agit de bourses non réglementées, sur lesquels s'échangent des actions, obligations, dérivés, que des grandes banques ou des gros courtiers organisent pour leur cercle d'investisseurs sans passer par les bourses traditionnelles, et où s'effectuent des échanges non transparents, sans affichage des prix annoncés d'achat et de vente.

Dérivés : produits financiers dont la valeur « dérive » d'un actif sous-jacent (action, obligation, matière première, devise), et qui permettent de parier sur les mouvements de ces sous-jacents.

Dérivés de crédit : dérivés permettant de parier sur les marchés du crédit (obligations souveraines, obligations d'entreprises) et sur leur risque de défaut. Le dérivé de crédit typique est le CDS, expliqué plus haut.

Dérivés OTC : *Over The Counter* signifie « hors bourse ». Les dérivés échangés hors bourse se négocient directement entre les traders. Ce marché est considéré opaque, et donc risqué, car il n'existe pas de comptabilité transparente de ces transactions.

Dette prioritaire (ou *senior*) : celle qui est remboursée en premier en cas de faillite.

Dette titrisée : il s'agit de paquets de dettes de particuliers (hypothèques, par exemple), ou de paquets de dettes d'entreprises mélangées et vendues aux investisseurs sous la forme d'un titre, qui porte en général une bonne notation de crédit, c'est-à-dire un faible risque de défault, du fait de la diversité et de la multiplicité des dettes sous-jacentes.

Dotcom : ce sont les sociétés internet dont l'adresse finit par.com. Le boom de ces valeurs technologiques cotées au Nasdaq avait provoqué une bulle spéculative qui s'était effondrée en mars 2000.

Effet de levier : c'est l'effet obtenu lorsqu'on investit, au lieu de 1 dollar d'argent propre, 1 dollar propre + 99 dollars empruntés : alors, on peut parier 100 au lieu de 1, et les gains et pertes potentiels s'en trouvent démultipliés.

Emprunt obligataire : une entreprise obtient du crédit en émettant une obligation (une dette), à laquelle peuvent souscrire les investisseurs sur le marché des capitaux. Cela s'appelle un emprunt obligataire. Les obligations d'entreprises sont un placement très recherché par les investisseurs lorsque les taux d'intérêt sur les obligations d'État sont trop bas. Elles s'appellent aussi, en jargon anglicisé, les obligations *corporate*.

LA FINANCE DE L'OMBRE A PRIS LE CONTRÔLE

Encours : se dit de la masse d'avoirs gérés par un fonds de placement.

Exchange Trade Funds (ETF) : titres qui répliquent à moindres frais un indice boursier, des devises, des matières premières, des obligations, etc., et qui s'échangent comme les actions.

Fonds de placement : véhicule d'investissement le plus courant dans l'univers financier, dans lequel l'investisseur achète une part et paie des frais en échange de la gestion et de l'administration du fonds.

Fonds immobiliers (*Real Estate Investment Trusts*, ou *REIT*) : fonds qui achètent ou spéculent sur le marché immobilier. Souvent, ils se financent à court terme en gageant des biens immobiliers pour poursuivre leurs investissements dans la pierre.

Fonds indiciels : les fonds indiciels cotés sont identiques aux ETF. Ils répliquent les indices boursiers et sont donc un fonds de placement qui reflète l'ensemble de la composition d'un indice.

***Futures* :** se dit des contrats à terme qui permettent d'acheter, à l'avance, un titre ou une matière première à un prix fixé dans le contrat.

Hair cut : c'est la différence entre la valeur du collatéral et le montant du prêt, qui rémunère le prêteur pour le risque pris.

***Hedge funds* :** fonds spéculatifs peu réglementés et souvent domiciliés dans des juridictions transfrontalières, qui représentent une part très élevée des volumes de trading sur les marchés les plus sophistiqués.

***High yield* (= haut rendement) :** une obligation high yield est un emprunt risqué qui verse un coupon élevé à l'investisseur pour le dédommager du risque.

Indice *high yield* : indice des obligations high yield, qui permet de voir leur performance boursière.

Indice S&P : le Standard & Poor's est l'indice des 500 plus grandes actions américaines cotées à la bourse de New York ou sur le Nasdaq.

Intermédiation de crédit : activité d'intermédiaire ou de courtier qui relie les investisseurs et les émetteurs d'obligations, ou qui prête directement à des entreprises, ou qui achète de nombreuses dettes (hypothécaires ou d'entreprises) et les titrise (les enveloppe dans un titre unique) pour les vendre ensuite à des investisseurs.

Internalisation : pratique qui consiste pour certains desks de grandes banques à faire concorder les ordres acheteurs et vendeurs de leur propre cercle de clients, sans que ces ordres ne passent par une bourse réglementée ou un système multilatéral de négociation.

Investment grade : se dit d'une obligation de bonne qualité, ou de « qualité d'investissement », qui comporte un risque minime de défaut.

LEXIQUE

Pour être ainsi notée, elle doit obtenir la notation BBB ou plus de la part des agences Moody's et Standard & Poor's.

Junk bonds : obligations d'entreprises défaillantes.

Leveraged buyout : rachat d'entreprise financé par la dette.

Leveraged loans : prêts octroyés à des entreprises endettées. Les dirigeants d'entreprises déjà endettées obtiennent des prêts d'un syndicat de banques. Les prêts sont considérés risqués pour les créanciers (et appelés *leveraged loans* pour signifier qu'ils sont basés sur peu de fonds propres). Ces prêts servent souvent aux dirigeants aux fins de racheter leur entreprise (à travers un *leveraged buyout*).

Licornes : jeunes entreprises en démarrage, non encore cotées en bourse, mais déjà valorisées à plus de 1 milliard de dollars.

Liquidité/liquidités : dans ce livre, nous employons les deux termes pour évoquer différents aspects du marché. **Les liquidités** sont l'argent qui circule dans le système financier, en particulier les emprunts ou capitaux destinés à s'investir dans le marché ; **la liquidité**, quant à elle, est la capacité d'un titre à trouver des acheteurs rapidement sur le marché ; il sera dit **« liquide »** s'il est aisément échangeable, ou **« illiquide »** s'il est difficile ou très long à écouler.

Liquidité des marchés du crédit : capacité pour un investisseur à vendre rapidement ses titres obligataires.

Lobbying : pressions effectuées auprès des autorités ou du législatif par des groupes d'intérêt d'un secteur économique donné afin d'obtenir des lois qui leur sont favorables.

Marché obligataire : marché des emprunts émis par des entreprises.

Marché de gré à gré : marché des échanges hors bourse, par définition opaque et peu réglementé.

Montages : arrangements contractuels liés à l'octroi d'un prêt.

Naked shorts : ventes à découvert nues, qui consistent à s'annoncer vendeur d'un titre qu'on ne possède pas et qu'on n'a pas emprunté au préalable, en vue de le racheter lorsque son prix a chuté, puis d'empocher la différence entre le prix de vente (virtuelle) et le prix de rachat.

No-doc loans : prêts sans documentation.

Notation *(rating)* : évaluation de solvabilité attribuée à une entreprise par une agence de notation, qui atteste du degré de risque de défaut.

Obligations d'entreprises : emprunts émis par des entreprises pour se financer, comme alternative à la dette bancaire.

Papier commercial : dette à très court terme que des fonds spéculatifs et des banques utilisent pour financer leurs investissements.

LA FINANCE DE L'OMBRE A PRIS LE CONTRÔLE

Passif: la partie du bilan qui regroupe l'ensemble des dettes, de ce qui est dû, par l'entreprise.

Prêts à levier: prêts financés par la dette.

Prime brokers: grands courtiers et banques d'affaires qui offrent des services d'investissement aux hedge funds et aux investisseurs professionnels.

Private equity: investissement dans des sociétés non cotées en bourse.

Produit dérivé: instrument dont la valeur « dérive » du titre sous-jacent et qui permet de parier sur les mouvements desdits sous-jacents (actions, obligations, devises, matières premières).

Qualité de crédit: capacité de l'émetteur de payer l'ensemble des intérêts et le principal, en temps et en heure.

Rédemption: anglicisme qui désigne le remboursement demandé par un investisseur lorsqu'il souhaite vendre ses parts d'un fonds de placement.

Répliquer: procédé qui consiste à reproduire la composition d'un indice en achetant tous les titres qui le composent, pour reproduire le même portefeuille.

Repo: abréviation de *repurchase*, qui désigne le marché du prêt à court terme lié à la pratique décrite sous *repurchase agreement*.

Reporting: obligation de transparence qui s'applique aux acteurs réglementés de la finance et les contraint généralement à fournir une information transparente sur leurs activités à leurs organes de contrôle internes, aux autorités de surveillance, à leurs actionnaires et à leurs clients.

Repurchase agreement (repo): forme de prêt de liquidités à court terme, dans laquelle le négociant vend des titres à des investisseurs en échange de liquidités, en général pour vingt-quatre heures, puis rachète les titres le jour suivant.

Risque systémique: désigne le type de risque à effet de domino que fait courir une banque ou une grande firme financière lorsque, de par sa faillite, elle entraîne une contagion de tout le système financier, et *in fine* de l'économie réelle.

Scores crédit: les évaluations de crédit individuelles auxquelles procèdent les prêteurs aux États-Unis avant de consentir un prêt. En Suisse aussi, avant tout octroi de crédit, la banque est tenue de procéder à un examen du crédit, qui comprend à la fois le contrôle de solvabilité (honorabilité et capacité de crédit) et l'évaluation des sûretés.

Shorter: anglicisme signifiant « vendre à découvert ».

Short selling (vente à découvert): technique qui consiste à emprunter un titre pour le vendre et empocher la différence entre son prix de départ et son prix d'arrivée.

LEXIQUE

Sociétés en quasi-faillite *(distressed debt):* la dette *distressed* est une dette à très haut risque et à haut rendement (plus de 10 %), qu'achètent généralement les fonds spéculatifs à prix bradés, pour ensuite la restructurer et encaisser la plus-value générée. Investir dans le *distressed* s'apparente aux stratégies des fonds vautours qui reprennent des sociétés proches du défaut de paiement pour renégocier leur dette ou pour réclamer en justice le remboursement de leur prêt, ainsi que les intérêts et les arriérés.

Sous-jacent: titre sur lequel se base un produit dérivé.

Spread: écart de rendement qu'affiche une obligation d'entreprise par rapport au taux d'intérêt des obligations sans risque (généralement les emprunts d'État). Plus l'écart est grand, plus l'obligation d'entreprise en question est risquée.

Strike: le prix auquel une option peut être exercée.

Subprime: le terme veut dire « de mauvaise qualité ». Il désigne la dette hypothécaire américaine contractée massivement entre 2003 et 2007 par des débiteurs peu ou pas solvables.

Swap: il s'agit d'un contrat entre deux parties pour s'échanger des flux financiers ou des risques différents. Par exemple, un swap de taux d'intérêt permet à deux contreparties d'échanger un taux fixe contre un taux variable sur une période déterminée.

Système multilatéral de négociation (SMN): désigne les bourses électroniques qui, depuis 2007, concurrencent les bourses officielles et qu'a autorisées la directive européenne sur les marchés d'instruments financiers.

Taux de refinancement: c'est le principal taux directeur de la Banque centrale européenne, qui régule l'activité économique à travers l'apport, ou le retrait, de liquidités.

Taux marginal de prêts: c'est le taux au jour le jour auquel la Banque centrale européenne prête des liquidités aux banques.

Titres: un titre financier est le terme générique qui désigne tous les actifs échangés en bourse. C'est un papier valeur qui représente une part du capital d'une société (actions) ou une part de sa dette (obligations), et que peuvent s'échanger les investisseurs.

Titrisation: regrouper plusieurs dettes hypothécaires ou d'entreprises, et les transformer en un seul titre, en les emballant dans un produit financier vendu aux investisseurs.

Valeur notionnelle: dans le domaine des dérivés, se dit de la valeur de tous les contrats ouverts et en circulation.

Véhicules de placement collectifs: fonds de placement, investis principalement dans la dette d'entreprises à la solvabilité médiocre.

Véhicules financiers: désignent tous types de structures ou entités juridiques utilisées aux fins de placements collectifs: fonds de placement, fonds du marché monétaire, hedge funds, fonds de capital-investissement.

Volatilité: ampleur des variations des cours boursiers.

Du même auteur...

Myret Zaki

LA FIN DU DOLLAR

Comment le billet vert est devenu la plus grande bulle spéculative de l'histoire

FAVRE

... *aux Éditions Favre*

MYRET ZAKI

Le secret bancaire est mort,

VIVE L'ÉVASION FISCALE

Par l'auteur de "UBS, les dessous d'un scandale"

FAVRE

Tous nos titres sur :
WWW.EDITIONSFAVRE.COM